Low Carb Backen

Low Carb Backbuch für Anfänger. Gesunde, schnelle und leckere Rezepte zum Nachmachen. Das Low Carb Backbuch für ernährungsbewusste Menschen.

Low Carb Pros

Inhaltsverzeichnis

Vorwort

Es gibt immer mehr Menschen, die sich für die Low-Carb-Ernährungsform entscheiden. In der Regel treffen sie diese Entscheidung, weil sie sich gesund ernähren wollen und nicht, weil sie Körpergewicht abnehmen wollen.

Low Carb besteht aus Gerichten, die leicht nach zu kochen sind. Wer allerdings in Low-Carb-Qualität backen will, der steht bei vielen Kochbüchern vor einem großen Problem: bei Low Carb stehen kohlenhydrathaltige Mehlsorten nicht auf dem Ernährungsplan – bei den Rezepten einschlägiger Kochbücher schon. Doch nur Wenige wissen, dass es auch Mehlsorten gibt, die perfekt zu Low Carb passen. Allerdings finden Sie diese Mehlsorten nicht in den herkömmlichen Kochbüchern; deshalb haben wir uns dieser Mehlsorten und des Backens damit angenommen, und viele leckere Rezepte für Sie zusammengestellt.

Kurz zu den Mehlsorten: Mandelmehl, entölt und nicht entölt, Kokosmehl, Guarkernmehl sind nur einige Beispiele, die perfekt das herkömmliche Weißmehl ersetzen. Allerdings ist die Anwendung für die Brote, Kuchen und Torten mit diesen Mehlsorten etwas anders, als Sie das bisher gewohnt sind.

In unserem Kochbuch haben wir für Sie Rezepte zusammengestellt, die breit gefächert sind. Zum Schluss, im Kapitel 9, finden Sie Rezepte für Ihren Weihnachtsteller, auch wenn es gerade nicht die Vorweihnachtszeit ist; doch wie beim Fußball ist nach Weihnachten auch schon wieder vor Weihnachten. Probieren Sie die Low-Carb-Mehle aus und - wir sind es jedenfalls - Sie werden begeistert sein.

Sofern wir die Informationen haben, finden Sie unter jedem Rezept die Nährwerte: Kalorien, Eiweiß, Fett, Kohlenhydrate. Mit diesen Informationen können Sie Ihren persönlichen Low-Carb-Ernährungsplan zusammenstellen oder ergänzen.

1. Baguettes / Toasts

Für viele Menschen gehört der morgendliche Toast zum Frühstück dazu. Für diese Personen haben wir leckere Toastrezepte gefunden, die Sie leicht nacharbeiten können.

Haben sich für den Abend Gäste angesagt, ist Baguette mit Salat eine schnelle und wohlschmeckende Mahlzeit.

Baguette mit Walnüssen und Gemüse

Zutaten

200 g Sauerrahm

3 mittelgroße Eier

75 g Haferkleie

25 g Kokosmehl

35 g Walnussmehl (entölt)

40 g Eiweißpulver

25 g gehackte Walnüsse

1 TL Backpulver

1 TL Salz

1 TL Erythrit

125 g roter Spitzpaprika

125 rote Zwiebeln

25 g Butter

Backofen auf 175 °C vorheizen (Umluft).

Backblech mit Backpapier auslegen, eine Ofenform.

Paprika putzen, entkernen, würfeln; Zwiebel abziehen, würfeln, beides in eine Ofenform geben, mit Salz und Erythrit bestreuen. Butter in einen Topf geben, schmelzen lassen, über das Gemüse geben, die Form in den Ofen stellen, 30 Minuten rösten lassen, dann beiseitestellen.

Alle weiteren Zutaten, ohne das geröstete Gemüse, in eine Schüssel geben, alles miteinander gut mischen (geht gut mit Küchenmaschine). Unter den Teig das Gemüse vorsichtig unterheben, das Ganze ein paar Minuten quellen lassen.

Auf einer bemehlten Arbeitsfläche die Mischung zu einem Baguette formen, dieses auf das Backblech geben, und im Backofen zwischen 35 und 40 Minuten backen.

Nährwert je Scheibe:

Kcal 266 Kalorien, 15,4 g Eiweiß, 15,7 g Fett, 12,4 g Kohlenhydrate

Baguette á la Pizza

Zutaten

Für den Teig

50 g Kokosmehl

1 Glas Griechischer Joghurt (ca. 250 g; Fettgehalt: 10 %)

100 g Haferkleie

1 TL Backpulver

2 mittelgroße Eier

2 TL Essig

1 EL getrockneter Oregano

1 TL Salz

<u>Belag</u>

1 Glas Tomatenpesto (ca. 100 g)

125 g gekochten Schinken

100 g Salami

1 roter Paprika (ca. 100 g)

1 rote Zwiebel (ca. 85 g)

100 g geriebener mittelalter Gouda

1 EL Pizzagewürz

Backofen auf 175 °C vorheizen.

Backblech mit Backpapier auslegen.

In die Rührschüssel der Küchenmaschine alle Zutaten füllen, gründlich vermischen, dann die Schüssel abdecken, 15 Minuten beiseitestellen.

Aus dem Teig zwei Baguettes formen, auf dem Backblech verteilen, im Backofen 30 Minuten backen, auskühlen lassen.

Paprika waschen, entkernen, in Streifen schneiden, Zwiebel abziehen, in Ringe schneiden.

Die kalten Baguettes längs durchschneiden, die Schnittflächen mit dem Pesto bestreichen, mit den Zutaten für den Belag nach Belieben belegen, dann mit Käse und Pizzagewürz bestreuen, im Ofen weitere 20 Minuten backen.

Nährwert je Scheibe:

Kcal 560 Kalorien, 29,2 g Eiweiß, 35,2 g Fett, 24,7 g Kohlenhydrate

Baguette für Schlemmer

Zutaten

Für den Teig

30 g Eiweißpulver, Natur

50 g Haferkleie

35 g Walnussmehl (entölt)

1 TL Salz

25 g Kokosmehl

20 g Flohsamenschalen

1 TL Backpulver

1 TL Brotgewürz

200 ml Buttermilch

2 mittelgroße Eier

Für den Belag

1 große rote Zwiebel (ca. 85 g)

1 große Zucchini (ca. 150 g)

2 rote Spitzpaprika (ca. 100 g)

1 kleine Aubergine (ca. 150 g)

40 ml Olivenöl

100 g geriebener mittelalter Gouda

½ TL getrockneter Rosmarin

1 TL heller Balsamico

2 EL Tomatenmark

Salz

Pfeffer

Backofen auf 175 °C vorheizen.

Backblech mit Backpapier auslegen.

Für den Belag: Zwiebel abziehen, in Scheiben schneiden, Spitzpaprika waschen, würfeln, Zucchini waschen, grob würfeln, Aubergine waschen, fein würfeln.

Für den Teig: In eine Schüssel alle Zutaten geben, mit der Küchenmaschine oder dem Handrührgerät zu einem glatten Teig verarbeiten, einige Minuten beiseitestellen, dann aus dem Teig zwei Baguettes formen, diese auf das Backblech legen, im Backofen 30 Minuten vorbacken, abkühlen.

30 ml Olivenöl in eine Pfanne geben, erhitzen, Auberginen zufügen, anbraten, das restliche Gemüse zufügen, braten, würzen mit Salz, Pfeffer und Rosmarin nochmals durchmischen, dann vom Herd nehmen, etwas abkühlen lassen.

Tomatenmark in eine Schüssel geben, Balsamico, das restliche Olivenöl zufügen, mischen, Salz und Pfeffer zufügen, das Ganze zu einer Paste verarbeiten.

Die Baguettes der Länge nach halbieren, die Schnittseiten kurz auf den Toaster legen, toasten, dann mit Tomatenpaste gleichmäßig bestreichen, das Gemüse darauf verteilen, das Ganze mit Käse bestreuen, im Backofen weitere 20 Minuten backen.

Nährwert je Scheibe:

Kcal 409 Kalorien, 24,9 g Eiweiß, 25,2 g Fett, 17,1 g Kohlenhydrate

Buttertoast

<u>Zutaten</u>

250 ml Buttermilch

60 g Eiweißpulver

25 g geschmolzene Butter

25 g Flohsamenschalen

55 g Kokosmehl

1 TL Backpulver

3 mittelgroße Eier

1 TL Salz

2 TL heller Balsamico

Backofen auf 175 °C vorheizen (Umluft).

Eine kleine Kastenform mit Backpapier auslegen.

Alle Zutaten in eine Schüssel geben, mit dem Handrührgerät oder der Küchenmaschine mischen und das Ganze zu einem glatten Teig verarbeiten.

Den Teig in die Kastenform füllen, in den Backofen stellen, zwischen 45 und 50 Minuten goldbraun backen.

Der Buttertoast sollte kühl, idealerweise im Kühlschrank aufbewahrt werden; auch Einfrieren ist möglich.

Nährwert je Scheibe:

Kcal 58 Kalorien, 5,6 g Eiweiß, 3 g Fett, 1,5 g Kohlenhydrate

2. Brötchen

Es geht doch nichts über frische Brötchen, auch wenn es nicht gerade Sonntag oder Feiertag ist. Rezepte für Brötchen, auch mit ein paar Kohlenhydraten haben wir für Sie zusammengestellt.

Frühstücksbrötchen

<u>Zutaten</u>

50 g Weizenmehl, Typ 405

100 g geschroteter Leinsamen

30 g Weizenkleie

300 g Magerquark

100 g gemahlene Mandeln

6 mittelgroße Eier

nach Belieben 2 EL Sonnenblumenkerne

Backofen auf 150 °C (Umluft), 170 °C (Ober- Unterhitze) vorheizen.

Ein Backblech mit Backpapier auslegen.

In die Schüssel der Küchenmaschine oder einer großen Schüssel und Handrührgerät Quark mit Eier und Backpulver vermischen. Nach und nach die restlichen Zutaten zugeben, das Ganze mit dem Knethaken der Küchenmaschine / des Handrührgeräts zu einem festen, aber geschmeidigen Teig verarbeiten.

Mit bemehlten Händen Brötchen aus dem Teig formen, diese auf das Backblech legen, nach Belieben mit Sonnenblumenkernen bestreuen, im Backofen 60 Minuten backen, nach 45 Minuten prüfen, ob die Brötchen bereits fertig sind.

Brötchen mit Kürbiskernen

Zutaten

250 g Quark (Fettgehalt: 20 %)

20 g Kokosmehl

25 g Flohsamenschalen

25 g geschrotete Goldleinsamen

½ TL Guarkernmehl

50 g Haferkleie

30 g Kürbiskerne

25 g Eiweißpulver

3 mittelgroße Eier

1 TL Salz

1 TL Backpulver

Backofen auf 175 °C (Umluft).

Ein mit Backpapier ausgelegtes Backblech.

In eine Schüssel alle Zutaten geben, mischen, das Ganze zu einem glatten Teig verarbeiten. Idealerweise nutzt man dafür die Küchenmaschine oder ein Handrührgerät.

Aus dem Teig mit bemehlten Händen 6 Brötchen formen, diese auf dem Backblech verteilen, mit Kürbiskernen bestreuen, im Backofen ca. 30 Minuten backen.

Nährwert je Brötchen:

Kcal 185 Kalorien, 16 g Eiweiß, 9,2 g Fett, 7,3 g Kohlenhydrate

Kartoffelbrötchen

Zutaten

1 großer Becher Dickmilch (Inhalt: ca. 200 g)

25 g Kartoffelfasern

15 g Flohsamenschalen

65 g Haferkleie

2 mittelgroße Eier

45 g Eiweißpulver

1 TL Erythrit

1 TL Salz

½ TL Backpulver

Backofen auf 175 °C (Umluft) vorheizen.

Ein Backblech mit Backpapier auslegen.

In eine Schüssel alle Zutaten auf einmal geben, mit dem Knethaken der Küchenmaschine oder des Handrührgerätes zu einem glatten Teig verkneten, beiseitestellen, 5 Minuten quellen lassen.

Aus dem Teig mit bemehlten Händen 5 Brötchen auf das Backblech legen, die Oberseite kreuzweise einschneiden, Kartoffelfasern über die Brötchen streuen, im Backofen die Brötchen 25 bis 30 Minuten backen.

Nährwert je Brötchen:

Kcal 152 Kalorien, 14 g Eiweiß, 4,6 g Fett, 10,1 g Kohlenhydrate

Haferkleiebrötchen

<u>Zutaten</u>

65 g Haferkleie

200 ml Mineralwasser mit Kohlensäure

15 g Flohsamenschalen

45 g Eiweißpulver

45 g Leinsamenmehl (entölt)

2 mittelgroße Eier

1 ½ TL Backpulver

1 TL Salz

Backofen auf 175 °C (Umluft) vorheizen.

Backblech mit Backpapier auslegen.

In eine Schüssel alle Zutaten geben, mit dem Knethaken der Küchenmaschine oder des Handrührgeräts mischen, das Ganze zu einem geschmeidigen, festen Teig verarbeiten, beiseitestellen, 5 Minuten quellen lassen.

Aus dem Teig mit bemehlten Händen 6 Brötchen formen, auf dem Backblech verteilen, die Oberseite kreuzweise einschneiden, im Ofen 30 Minuten backen.

Nährwert je Brötchen:

Kcal 121 Kalorien, 12,9 g Eiweiß, 3,5 g Fett, 6,5 g Kohlenhydrate

Laugensemmeln

Zutaten

100 g Joghurt (Fettgehalt: 3,5 %)

100 ml lauwarmes Wasser

10 ml Apfelessig

25 g Flohsamenschalen

65 g Eiweißpulver

25 g Kokosmehl

1 mittelgroßes Ei

5 g Kokosblütenzucker

5 g Trockenhefe

2 TL Backpulver

1 TL Salz

nach Belieben grobes Salz

500 ml heißes Wasser

3 TL Natron

Backofen auf 175 °C vorheizen (Umluft).

Backblech mit Backpapier auslegen.

Das lauwarme Wasser in ein Schälchen gießen, Zucker zufügen, auflösen, dann Trockenhefe beifügen, unterrühren, 15 Minuten beiseitestellen.

Alle Zutaten, außer dem heißen Wasser und Natron in eine Schüssel geben, das Wasser mit der Hefe zufügen, das Ganze mit der Küchenmaschine zu einem glatten Teig verarbeiten, 5 Minuten quellen lassen.

Das heiße Wasser in eine Schüssel gießen, Natron zufügen, auflösen lassen.

Aus dem Teig mit bemehlten Händen 6 Brötchen formen, diese in die Schüssel mit der Wasser-Natron-Mischung geben, ca. 30 Sekunden in der Mischung lassen, dabei die Brötchen umdrehen, damit das Natronwasser an allen Seiten der Brötchen gelangt.

Die Brötchen auf dem Backblech verteilen, die Oberseite kreuzweise einschneiden, mit grobem Salz bestreuen, im Backofen 30 Minuten backen.

Nährwert je Brötchen:

Kcal 106 Kalorien, 14,6 g Eiweiß, 2,8 g Fett, 3,5 g Kohlenhydrate

Fitnessbrötchen

Zutaten

250 g Quark (Fettgehalt: 20 %)

35 g Eiweißpulver

25 g Hanfsamen (geschält)

65 g Haferkleie

25 g Kokosmehl

25 g Chiasamen

15 g Traubenkernmehl

2 mittelgroße Eier

1 TL Salz

1 TL Backpulver

nach Belieben 1 TL Schwarzkümmel zum Bestreuen

Backofen auf 175 °C vorheizen (Umluft).

Backblech mit Backpapier auslegen.

In eine Schüssel alle Zutaten geben, mischen, das Ganze mit der Küchenmaschine zu einem geschmeidigen Teig verarbeiten, 5 Minuten quellen lassen.

Mit bemehlten Händen aus dem Teig 6 Brötchen formen, auf dem Backblech verteilen, im Ofen 25 Minuten backen.

Nährwert je Brötchen:

Kcal 230 Kalorien, 19,7 g Eiweiß, 10,4 g Fett, 10,8 g Kohlenhydrate

Kleine Kartoffelbrötchen

Zutaten

250 g Magerquark

25 g Kartoffelfasern

25 g Goldleinsamen (geschrotet)

60 g Haferkleie

25 g geschälte Hanfsamen

3 mittelgroße Eier

20 ml Olivenöl

1 ½ TL Backpulver

1 TL Salz

1 TL Erythrit

¼ TL geriebene Muskatnuss

Backofen auf 175 °C vorheizen (Umluft).

Eine Silikon-Brownie-Form.

Alle Zutaten in die Schüssel der Küchenmaschine geben, mischen, das Ganze zu einem geschmeidigen Teig verarbeiten, einige Minuten beiseitestellen; der Teig wird dann fester.

Teig in die Förmchen der Form geben, im Ofen 30 Minuten backen.

Vor dem Servieren die Brötchen auf dem Toaster von beiden Seiten toasten.

Nährwert je Brötchen:

Kcal 150 Kalorien, 11,4 g Eiweiß, 7,8 g Fett, 6,5 g Kohlenhydrate

3. Brot

Wie heißt es so schön: Der Mensch lebt nicht von Brot allein – doch ohne Brot geht es auch nicht. Leider passen die Brote, die beim Bäcker erhältlich sind, nicht in den Low- Carb-Ernährungsplan; sie sind zu kohlenhydrathaltig. Brot selbst herstellen ist nicht schwer. Viele Brote können auf Vorrat gebacken und eingefroren werden. Idealerweise frieren Sie keine ganzen Brote ein, sondern nur Brotscheiben; diese tauen sehr schnell auf und schmecken so frisch wie am Tag der Herstellung. Lassen Sie sich überraschen!

Herzhaftes Brot

Zutaten

250 g Joghurt

25 ml heller Balsamicoessig

50 g Kartoffelfasern

50 entöltes Leinsamenmehl

20 g Flohsamenschalen

50 g Eiweißpulver

3 mittelgroße Eier

2 TL Backpulver

2 gehäufte TL Brotgewürz

1 TL mittelscharfer Senf

1 TL Salz

1 EL Kartoffelfasern (zum Bestreuen)

Backofen auf 180 °C vorheizen (Umluft).

Backblech mit Backpapier auslegen.

In eine große Schüssel alle Zutaten geben, das Ganze mit der Küchenmaschine oder dem Handrührgerät zu einem glatten Teig verarbeiten und fünf Minuten beiseitestellen.

Auf einer bemehlten Arbeitsfläche den Teig zu einem Brotlaib formen, diesen auf das Backblech geben, den Teig mit dem Esslöffel Kartoffelfasern bestreuen.

Den Brotlaib mit einem scharfen Messer auf der Oberseite kreuzförmig einschneiden, das Ganze im Backofen zwischen 45 und 50 Minuten backen, abkühlen lassen.

Nährwert je Scheibe:

Kcal 78 Kalorien, 8 g Eiweiß, 2,7 g Fett, 2,5 g Kohlenhydrate

Bauernbrot

Zutaten

40 g Leinsamenmehl (entölt)

40 g Kürbiskernmehl (entölt)

25 g Kokosmehl

1 TL Guarkernmehl

25 g geschrotete Goldleinsamen

25 g geschälte Hanfsamen

25 g Flohsamenschalen

250 g Quark (Fettanteil: 20 %)

3 mittelgroße Eier

2 TL heller Balsamicoessig

1 EL Brotgewürz

1 TL Backpulver

1 TL Salz

Backofen auf 175 °C vorheizen (Umluft).

Eine kleine Kastenform mit Backpapier auslegen.

In eine große Rührschüssel oder der Schüssel der Küchenmaschine alle Zutaten auf einmal geben, mit der Küchenmaschine oder dem Handrührgerät mischen und das Ganze zu einem glatten Teig verarbeiten.

Den Teig kurz ruhen lassen, dann in die Kastenform geben, im Backofen das Brot ca. 55 Minuten backen.

Nährwert je Scheibe:

Kcal 69 Kalorien, 5,7 g Eiweiß, 6,7 g Fett, 1,4 g Kohlenhydrate

Köstliches Kartoffelbrot

Zutaten

30 g Kartoffelfasern

25 g Kokosmehl

25 g Goldleinsamen (geschrotet)

25 g Leinsamenmehl (entölt)

30 g Flohsamenschalen

25 g geschälte Hanfsamen

25 g Eiweißpulver

25 g geschmolzene Butter

250 ml Buttermilch

3 mittelgroße Eier

1 TL Erythrit

1 TL Backpulver

1 TL Salz

Backofen auf 175 °C vorheizen (Umluft).

Eine kleine Kastenform mit Backpapier auslegen.

In die Schüssel der Küchenmaschine oder eine große Schüssel alle Zutaten geben, alles gut vermischen und das Ganze zu einem glatten Teig verarbeiten, den Teig ein paar Minuten quellen lassen.

Den Teig in die Kastenform geben, in den Backofen stellen und das Brot 50 Minuten backen.

Unser köstliches Kartoffelbrot sollte kühl, idealerweise im Kühlschrank aufbewahrt werden; es kann auch scheibchenweise eingefroren werden.

Nährwert je Scheibe:

Kcal 69 Kalorien, 5 g Eiweiß, 4,1 g Fett, 1,2 g Kohlenhydrate

Kartoffelbrot mit Macadamia und Skyr

Zutaten

75 g fein gehackte Macadamianüsse, geröstet, gesalzen

50 g Macadamiamehl

15 g Flohsamenschalen

40 g Kartoffelfasern

75 g Haferkleie

3 TL Backpulver

400 g Skyr

50 g Eiweißpulver

4 mittelgroße Eier

1 EL heller Balsamico

1 TL Salz

Backofen auf 175 °C vorheizen (Umluft).

Eine kleine Kastenform mit Backpapier auslegen.

In eine Schüssel alle Zutaten geben, mischen, das Ganze zu einem glatten Teig verarbeiten. Dafür eignet sich entweder eine Küchenmaschine oder ein Handrührgerät.

Den Teig in die Kastenform füllen, in den Backofen stellen, ca. 55 Minuten backen.

Dieses schmackhafte Brot sollte kühl, idealerweise im Kühlschrank aufbewahrt werden; es kann auch scheibchenweise eingefroren werden.

Nährwert je Scheibe:

Kcal 122 Kalorien, 9,2 g Eiweiß, 6,5 g Fett, 5 g Kohlenhydrate

4. Flammkuchen / Quiche

Ein schnelles Gericht für die Familie, aber auch wenn sich überraschend Besuch anmeldet, sind Flammkuchen und Quiche. Ursprünglich stammt der Flammkuchen aus dem Elsass, doch zwischenzeitlich gibt es viele Variationen davon. Alle können wir hier nicht aufführen, doch einige haben wir für Sie ausgesucht.

Auch die Quiche ist ein schmackhaftes Gericht, das schnell gemacht ist. Flammkuchen und Quiches sind sättigende Mittagessen. Wer möchte, kann als Beilage gemischten Salat reichen.

Die französische Küche ist weltweit bekannt und gilt als Küche für Gourmets. Lassen Sie sich von unseren Rezeptideen begeistern und probieren einfach die leckeren Flammkuchen und Quiches aus; beides ist schnell fertiggestellt, jedes für sich ist eine komplette Mahlzeit; besonders, wenn es einmal schnell gehen, aber gut schmecken soll.

Flammkuchen Bella Italia

<u>Zutaten</u>

<u>Für den Teig</u>

3 mittelgroße Eier

1 Glas Pesto

150 g Quark

20 g Kokosmehl

50 g fein geriebener Parmesan

½ TL Salz

1 Prise Erythrit

Für den Belag

150 g Kirschtomaten

125 g Mozzarella (Fettgehalt: 45 %)

Salz

Pfeffer

1 Stiel Basilikum

Backofen auf 180 °C vorheizen (Umluft).

Ein Backblech mit Backpapier auslegen.

Die Zutaten für den Boden in eine Schüssel füllen, mit der Küchenmaschine gut mischen und einen glatten Teig herstellen, diesen auf dem Backblech verstreichen, in den Backofen schieben, rund 20 Minuten backen.

Kirschtomaten waschen, in Scheiben schneiden, Basilikum abbrausen, Blättchen abzupfen, Blättchen hacken, Mozzarella stückeln.

Das Pesto aus dem Glas auf dem Boden des Flammkuchens verstreichen, den Flammkuchen wieder in den Ofen schieben und nochmals 10 Minuten backen, dann mit Salz, Pfeffer würzen, mit Basilikum bestreuen.

Elsässer Flammkuchen

<u>Zutaten</u>

1 Wirsing (ca. 600 g)

50 g mittelalter Gouda

2 mittelgroße Eier

25 g Haferkleie

100 g Crème fraîche (Fettgehalt: 30 %)

75 g Bacon

1 rote Zwiebel (ca. 85 g)

Backofen auf 180 °C vorheizen (Umluft).

Ein Backblech mit Backpapier auslegen, eine Ofenform.

Wirsing putzen, raspeln, in die Ofenform geben, im Backofen 15 Minuten rösten, dabei öfters durchrühren, dann beiseitestellen.

Gouda grob reiben, mit Eiern und Haferkleie in eine Schüssel füllen, mischen, mit Salz, Pfeffer würzen, das Ganze zu einem glatten Teig verarbeiten, auf dem Backblech ausrollen, im Backofen 25 Minuten vorbacken.

Bacon in Streifen schneiden; Zwiebel abziehen, in Ringe schneiden.

Auf dem noch warmen Boden Crème fraîche verstreichen, Wirsing, Zwiebelringe und Baconstreifen darüber verteilen, nochmals im Backofen weitere 20 Minuten backen.

Nährwert je Stück:

Kcal 592 Kalorien, 31,1 g Eiweiß, 39,3 g Fett, 20,4 g Kohlenhydrate

Flammkuchen vegetarisch I

Zutaten

Für den Boden

50 g mittelalter Gouda

3 mittelgroße Eier

150 g Quark

10 g Flohschalensamen

15 g Rote-Bete-Pulver

½ TL Salz

etwas Erythrit

Für den Belag

1 kleiner Wirsing (ca. 250 g)

75 g Frischkäse

75 g milden Gorgonzola

Salz

Pfeffer

Backofen auf 175 °C vorheizen (Umluft).

Ein Backblech mit Backpapier auslegen, eine Ofenform.

Gouda grob reiben, mit Eiern, Quark, Flohsamenschalen, Rote-Bete-Pulver in eine Schüssel geben, mischen, mit Salz und Erythrit würzen, das Ganze zu einem glatten Teig verarbeiten. Den Teig auf dem Backblech dünn ausrollen, im Ofen 20 Minuten vorbacken.

Frischkäse, Gorgonzola gut vermischen, mit Salz und Pfeffer würzen, cremig rühren.

Den noch warmen Kuchenboden mit der Käsecreme bestreichen, Wirsing auf der Creme verteilen, nochmals für weitere 10 Minuten im Ofen backen, mit Salz, Pfeffer abschmecken.

Flammkuchen vegetarisch II

Zutaten

Für den Boden

150 g Quark (Fettgehalt: 20 %)

3 mittelgroße Eier

20 g Kartoffelfasern

50 g geriebener Old Amsterdamer Käse

½ TL Kurkuma

½ TL Salz

etwas Erythrit

Für den Belag

100 g Ziegenfrischkäse

1 Stück Rote Bete (ca. 75 g)

1 rote Zwiebel (ca. 75 g)

1 kleiner roter Paprika

2 kleine Karotten (ca. 75 g)

Meersalz

schwarzer Pfeffer

Backofen auf 175 °C vorheizen (Umluft).

Ein Backblech mit Backpapier auslegen.

Für den Boden die ganzen Zutaten in eine Schüssel geben, mischen, das Ganze zu einem geschmeidigen Teig verarbeiten, die Masse auf dem Backblech verstreichen, im Ofen 20 Minuten vorbacken.

Rote Bete waschen, grob raspeln, Zwiebel abziehen, in Ringe schneiden, Paprika putzen, in dünne Streifen schneiden, Karotten grob raspeln.

Den Flammkuchen aus dem Ofen holen, Ziegenfrischkäse auf dem Boden verstreichen, das Gemüse darauf verteilen und alles für weitere 15 Minuten in den Backofen schieben.

Den noch warmen Flammkuchen mit Meersalz und schwarzem Pfeffer pikant abschmecken.

Nährwert je Stück:

Kcal 457 Kalorien, 32,6 g Eiweiß, 28,3 g Fett, 15,1 g Kohlenhydrate

Flammkuchen mit Spargel

Zutaten

Für den Boden

10 g Flohsamenschalen

125 g Ricotta

60 g geriebener Parmesan

3 Eier

½ TL Salz

Für den Belag

250 g Lachsfilet, ohne Haut

500 g weißer Spargel

½ Bund Frühlingszwiebeln (ca. 100 g)

125 g Ricotta

Salz

Pfeffer

Backofen auf 175 °C vorheizen (Umluft).

Ein Backblech mit Backpapier auslegen.

Spargel schälen, stückeln; Frühlingszwiebeln abziehen, in Ringe schneiden, Lachsfilet abspülen, in Streifen schneiden (schneiden Sie bitte quer zur Faser).

Alle Zutaten für den Boden in eine Schüssel geben, vermischen, einen geschmeidigen Teig herstellen, auf dem Backblech gleichmäßig verstreichen, im Backofen 20 Minuten backen.

Etwas Wasser in einen Topf geben, erhitzen, Salz, Erythrit und Spargelstücke zufügen, 10 Minuten garen, in ein Sieb schütten, abtropfen lassen.

Ricotta gleichmäßig auf dem Boden verteilen, Lachsstreifen, Spargel und Frühlingszwiebeln abwechselnd darauf geben, nochmals für 8 Minuten im Backofen backen, den noch warmen Flammkuchen mit Salz und Pfeffer würzen.

Nährwert je Stück:

Kcal 448 Kalorien, 38,6 g Eiweiß, 27,4 g Fett, 10,8 g Kohlenhydrate

Pikante Quiche

<u>Zutaten</u>

<u>Für den Boden</u>

125 g Mozzarella (Fettgehalt: 45 %)

50 g Mandelmehl (nicht entölt)

¼ TL Guarkernmehl

25 g Kokosmehl

15 g Leinsamenmehl (entölt)

45 ml Olivenöl

1 mittelgroßes Ei

1 TL Backpulver

1 TL Meersalz

<u>Für den Belag</u>

200 g Räucherlachs

3 Schalotten (ca. 75 g)

1 Paket TK-Blattspinat (Nettogewicht: 350 g)

150 g Ziegenfrischkäse

3 Eier (Größe M)

10 ml natives Olivenöl

schwarzer Pfeffer

Muskatnuss (gerieben)

Backofen auf 185 °C vorheizen (Umluft).

Eine Quicheform, alternativ Springform, einfetten oder mit Backpapier auslegen.

Schalotten abziehen, fein würfeln, Räucherlachs in schmale Streifen schneiden. Den TK-Blattspinat auftauen, in einem Küchentuch gut ausdrücken, grob hacken. Mozzarella würfeln, Eier in eine große Schüssel geben, verquirlen.

Mozzarella mit dem Ei und Olivenöl in einer Schüssel mischen, mit dem Pürierstab pürieren, bis die Masse eine cremige Substanz hat. Die weiteren Zutaten für den Boden zufügen, mischen, portionsweise die Mozzarella-Ei-Mischung beigeben, alles gut vermischen und zu einem geschmeidigen Teig verarbeiten, 10 Minuten beiseitestellen.

Den Teig in die bereitgestellte Form füllen, einen Rand ziehen, im Ofen 15 Minuten vorbacken.

In einer Pfanne Öl erhitzen, Schalotten zugeben, glasig dünsten. Spinat zu den Schalotten geben, mischen. Topf vom Herd nehmen, Ziegenkäse zufügen, unterrühren, beiseitestellen, abkühlen lassen. Eier aufschlagen, verquirlen, zur Spinatmischung geben, untermischen. Zum Schluss die Räucherlachsstreifen zugeben, würzen mit Pfeffer, Muskat. (Salz ist nicht notwendig, weil der Räucherlachs etwas salzig ist).

Die Spinat-Lachsmischung auf dem noch warmen Boden gleichmäßig verstreichen, nochmals 30 Minuten backen.

Nährwert je Stück:

Kcal 545 Kalorien, 32,4 g Eiweiß, 43,4 g Fett, 4,4 g Kohlenhydrate

Vegetarische Quiche

Zutaten

Für den Boden

50 g Mandelmehl (nicht entölt)

30 g Kartoffelfasern

¼ TL Guarkernmehl

125 g Mozzarella (Fettgehalt: 45 %)

50 g Butter (zimmerwarm)

1 Ei

1 TL Backpulver

1 TL Meersalz

<u>Für den Belag</u>

5 rohe, grobe und dünne Bratwürste

400 g TK-Blattspinat

3 mittelgroße Eier

100 g Frischkäse

50 g geriebener Old Amsterdamer Käse

Meersalz

schwarzer Pfeffer

Muskatnuss (gerieben)

Backofen auf 185 °C vorheizen (Umluft).

Eine Quicheform, alternativ Springform, einfetten oder mit Backpapier auslegen.

Den TK-Blattspinat auftauen, in ein Küchentuch oder Küchenkrepp legen, gut ausdrücken. Mozzarella in feine Würfel schneiden.

In eine Schüssel alle Zutaten für den Boden geben, vermischen.

Eier, Butter, Mozzarella in einer Schüssel mischen, das Ganze mit dem Pürierstab pürieren.

Alle weiteren Zutaten für den Boden in eine zweite Schüssel füllen, mischen, den Mozzarella-Butter-Brei portionsweise untermischen und zu einem geschmeidigen Teig verarbeiten. Diesen in Frischhaltefolie einwickeln, 2 Stunden in den Kühlschrank stellen.

In die vorbereitete Form den Teig füllen, einen Rand hochziehen, im Backofen 15 Minuten vorbacken.

Frischkäse mit Spinat und dem geriebenen Old Amsterdamer Käse in eine Schüssel geben, mischen, Eier zufügen, gut vermischen, mit Meersalz, Pfeffer und Muskat würzen.

Auf den noch warmen Boden der Quiche die Spinat-Käse-Mischung gleichmäßig verteilen, die Bratwürste darauflegen, die Quiche nochmals für 30 Minuten backen.

Gehaltvolle Quiche

Zutaten

Für den Boden

50 g Leinsamenmehl (entölt)

125 g Mozzarella (Fettgehalt: 45 %)

50 g Mandelmehl (nicht entölt)

½ TL Guarkernmehl

40 g zimmerwarme Butter

1 TL Backpulver

1 mittelgroßes Ei

½ TL Salz

Für den Belag

½ Kopf Rotkohl (ca. 250 g)

250 g rohes, grobes Bratwurstbrät

100 g Frischkäse

1 rote Zwiebel (ca. 85 g)

50 g ungezuckerte TK-Sauerkirschen

3 mittelgroße Eier

1 TL gemahlener Kreuzkümmel

1 TL getrockneter Thymian

¼ TL gemahlener Zimt

Salz

Pfeffer

Für die Form

10 g Butter

Backofen auf 180 °C vorheizen (Umluft).

Eine Quicheform, alternativ Springform, einfetten oder den Boden mit Backpapier auslegen und die Ränder einfetten.

Mozzarella würfeln, Bratwurstbrät von eventueller Wurstpelle befreien, stückeln. Zwiebel abziehen, in Ringe schneiden, vom Rotkohl den Strunk entfernen, den Rotkohl in dünne Streifen schneiden.

Butter in eine Rührschüssel geben, schaumig rühren, Mozzarella und Ei zufügen, das Ganze pürieren.

Alle trockenen Zutaten für den Boden in eine weitere Schüssel geben, mischen. Die Mischung portionsweise unter die Butter-Ei-Mischung rühren und zu einem glatten Teig verarbeiten. In Frischhaltefolie wickeln, für 15 Minuten in den Kühlschrank legen.

Den Teig in die vorbereitete Form füllen, einen Rand ausarbeiten, im Backofen 20 Minuten vorbacken.

Eine beschichtete Pfanne erhitzen, Bratwurstbrät zugeben, anbraten, aus der Pfanne nehmen; die Zwiebelringe in dieselbe Pfanne geben, andünsten, Rotkohlstreifen, Sauerkirschen zugeben, 10 Minuten braten. Die Sauerkirschen während der Bratzeit zerdrücken, Kreuzkümmel, Thymian, Zimt, Salz und Pfeffer zufügen, vermischen, etwas abkühlen lassen.

Frischkäse in eine Schüssel geben, Eier zufügen, alles pürieren, würzen mit Salz und Pfeffer.

Auf dem Quicheboden die Kohlmischung verteilen, darüber das Bratwurstbrät verteilen. Über das Ganze die Käsemischung geben, die Quiche nochmals für 30 Minuten im Backofen backen.

Nährwert je Stück:

Kcal 610 Kalorien, 33,4 g Eiweiß, 47,3 g Fett, 8,2 g Kohlenhydrate

Quiche mit Spinat und Bratwurst

Zutaten

Für den Boden

50 g Mandelmehl (nicht entölt)

125 g Mozzarella (Fettgehalt: 45 %)

30 g Kartoffelfasern

¼ TL Guarkernmehl

1 TL Backpulver

50 g Butter

1 Ei

1 TL Salz

Für den Belag

400 g TK-Spinat

100 g Frischkäse

3 mittelgroße Eier

50 g geriebener Old Amsterdamer Käse

5 grobe, rohe, lange Bratwürste

¼ TL geriebene Muskatnuss

Salz

Pfeffer

Backofen auf 180 °C vorheizen (Umluft).

Eine Quicheform, alternativ Springform, einfetten oder den Boden mit Backpapier auslegen und die Ränder einfetten.

Mozzarella würfeln, Spinat auftauen, ausdrücken, hacken. In eine Schüssel Mozzarella geben, Butter und Ei zufügen, mit dem Pürierstab das Ganze pürieren.

Alle weiteren Zutaten für den Boden in eine weitere Schüssel geben, mischen, die Mischung portionsweise unter die Butter-Mozzarella-Mischung rühren und zu einem glatten Teig verarbeiten. In Alufolie wickeln, im Kühlschrank 2 Stunden ruhen lassen.

Den Teig in die vorbereitete Form füllen, im Backofen 15 Minuten vorbacken.

In eine Schüssel den gehackten Spinat geben, Käse und Frischkäse zufügen, verrühren, Eier zugeben, verrühren, mit Salz, Pfeffer und Muskat kräftig würzen. Die Füllung auf den vorgebackenen Boden geben, die Bratwürste darauf verteilen, im Backofen nochmals 30 Minuten backen.

Nährwert je Stück:

Kcal 686 Kalorien, 39,4 g Eiweiß, 55,3 g Fett, 4,6 g Kohlenhydrate

5. Pizza

Die italienische Pizza hat schon lange die Welt erobert. Doch auch hier sind die Produkte im Handel, aber auch vom Pizzaservice sehr kohlenhydrathaltig. Wir haben für Sie einige Pizzarezepte zusammengestellt, die sich für Ihren Low-Carb-Ernährungsplan eignen. Einige unserer Rezepte sind in Windeseile hergestellt, damit auch spontane Besucher satt werden.

Jede Pizza ist im Grunde eine komplette Mahlzeit, die man gerne mit Salat ergänzt. Beides ist schnell gemacht und kann dem Besuch serviert werden. Nachstehend finden Sie Pizzarezepte, die auch für Vegetarier interessant sein können.

Pizza mal geschüttelt I

Zutaten

25 g getrocknete Tomaten (ohne Öl)

200 g Hüttenkäse (Fettgehalt: 20 %)

1 Dose Thunfisch in Lake (Abtropfgewicht: ca. 130 g)

1 kleiner roter Paprika (ca. 100 g)

1 kleine rote Zwiebel (ca. 100 g)

125 g Mozzarella (Fettgehalt: 45 %)

100 g Bärlauch

15 ml Olivenöl

25 g Haferkleie

3 mittelgroße Eier

1 TL Paprikapulver, extra scharf

Meersalz

Pfeffer

Backofen auf 175 °C vorheizen (Umluft).

Ein Backblech mit Backpapier auslegen.

Zwiebel abziehen, fein hacken, Paprika waschen, entkernen, würfeln, Mozzarella fein hacken, Bärlauch abbrausen, Blätter abzupfen, fein hacken, Tomaten klein schneiden.

Wir brauchen eine hohe Schüssel mit Deckel. In diese die Eier aufschlagen, würzen mit Salz, Pfeffer, alles miteinander verquirlen. Alle weiteren Zutaten zufügen, die Schüssel mit dem Deckel gut verschließen, dann die Schüssel mit der ganzen zur Verfügung stehenden Kraft schütteln, bis alles gut durchgemischt ist.

Wem die Kraft zum Schütteln fehlt, der kann sich alternativ der Küchenmaschine oder dem Handrührgerät bedienen.

Die Mischung auf dem Backblech gleichmäßig verteilen, im Backofen etwa 35 Minuten backen.

Nährwert je Stück:

Kcal 410 Kalorien, 37 g Eiweiß, 22,7 g Fett, 13,8 g Kohlenhydrate

Pizza mal geschüttelt II

Zutaten

25 g getrocknete Tomaten (ohne Öl)

200 g Hüttenkäse (Fettgehalt: 20 %)

1 kleiner roter Paprika (ca. 100 g)

1 kleine rote Zwiebel (ca. 100 g)

75 g gekochter Schinken

125 g Mozzarella (Fettgehalt: 45 %)

50 g geriebenen Parmesan

15 ml Olivenöl

25 g Haferkleie

3 mittelgroße Eier

1 TL Paprikapulver, extra scharf

Meersalz

1 Stiel Oregano

Pfeffer

Backofen auf 175 °C vorheizen (Umluft).

Ein Backblech mit Backpapier auslegen.

Zwiebel abziehen, fein hacken, Paprika waschen, entkernen, würfeln,

Mozzarella fein hacken, Oregano abbrausen, Blätter abzupfen, fein hacken, Tomaten klein schneiden, Schinken in Streifen schneiden.

Wir brauchen eine hohe Schüssel mit Deckel. In diese die Eier aufschlagen, würzen mit Salz, Pfeffer, alles miteinander verquirlen. Alle weiteren Zutaten zufügen, die Schüssel mit dem Deckel gut verschließen, dann die Schüssel mit der ganzen zur Verfügung stehenden Kraft schütteln, bis alles gut durchgemischt ist.

Wem die Kraft zum Schütteln fehlt, der kann sich alternativ der Küchenmaschine oder dem Handrührgerät bedienen.

Die Mischung auf dem Backblech gleichmäßig verteilen, im Backofen etwa 35 Minuten backen.

Nährwert je Stück:

Kcal 449 Kalorien, 36,5 g Eiweiß, 27,4 g Fett, 12,5 g Kohlenhydrate

Happy Pizza

Zutaten

Für den Teig

30 g Mandelmehl (nicht entölt)

30 g Goldleinsamen (geschrotet)

125 g Mozzarella (Fettgehalt: 45 %)

30 g Eiweißpulver

30 g Olivenöl

1 mittelgroßes Ei

½ TL Erythrit

1 TL Salz

½ TL Backpulver

<u>Für den Belag</u>

75 g Tomatenketchup (wenn möglich zuckerfrei)

100 g geriebener Gouda (mittelalt)

100 g gekochter Schinken

1 kleiner roter Paprika (ca. 100 g)

1 kleine rote Zwiebel (ca. 100 g)

2 Stiele Oregano (gehackt, ca. 100 g)

75 g Champignons

Backofen auf 185 °C vorheizen (Umluft).

Ein Backblech mit Backpapier auslegen.

Paprika waschen, entkernen, in feine Streifen schneiden, Zwiebel abziehen, in Ringe schneiden, Schinken und Mozzarella würfeln, Champignons blättrig schneiden.

Goldleinsamen, Mandelmehl, Eiweißpulver, Salz, Backpulver, Erythrit in eine Schüssel geben, vermischen.

In eine Schüssel Ei, Öl und Mozzarella geben, mit dem Pürierstab pürieren. Die Mehlmischung portionsweise unter die Mozzarellamischung geben, gut vermischen und zu einem geschmeidigen Teig verarbeiten, diesen in Frischhaltefolie einwickeln, 2 Stunden im Kühlschrank ruhen lassen.

Auf dem Backblech den Teig gleichmäßig verteilen, im Backofen 20 Minuten vorbacken, den noch warmen Boden umdrehen, dünn mit Ketchup bestreichen, Paprika, Schinken, Zwiebel und Champignons verteilen, darüber geriebenen Käse und Oregano streuen, die Pizza im Backofen nochmals 15 Minuten backen.

Nährwert je Stück:

Kcal 559 Kalorien, 36,5 g Eiweiß, 40,7 g Fett, 8,3 g Kohlenhydrate

Pizza á la Bolognese

Zutaten

Für den Teig

45 g Kokosmehl

30 g Flohsamenschalen

40 g Eiweißpulver

250 g Buttermilch

1 TL Salz

1 TL Backpulver

Für den Belag

300 g mageres Rinderhackfleisch

1 großer roter Paprika (ca. 150 g)

1 mittelgroße rote Zwiebel (ca. 85 g)

75 g Ketchup (zuckerfrei)

30 g „normales“ Tomatenketchup

15 ml Olivenöl

½ TL rote Currypaste

Salz

Pfeffer

75 g geriebener Gouda (mittelalt)

1 TL getrockneter Rosmarin

1 TL getrockneter Oregano

1 TL getrockneter Thymian

Backofen auf 175 °C vorheizen (Umluft).

Ein Backblech mit Backpapier auslegen.

Zwiebel abziehen, fein hacken, Paprika waschen, entkernen, würfeln.

Kokosmehl, Flohsamenschalen, Salz, Eiweißpulver und Backpulver in eine Schüssel geben, vermischen. Buttermilch portionsweise unterrühren, das Ganze zu einem glatten Teig verarbeiten, diesen auf dem Backblech verteilen, im Backofen 20 Minuten vorbacken.

In einem Topf Olivenöl erhitzen, Zwiebeln zufügen, glasig dünsten, Hackfleisch zugeben, anbraten, dann krümelig braten. Paprika, beide Ketchupsorten, Salz, Pfeffer, die getrockneten Kräuter zufügen, gut durchmischen, 10 Minuten köcheln lassen.

Auf den noch warmen Pizzaboden den Belag verteilen, mit Käse bestreuen, weitere 15 Minuten im Backofen backen.

Nährwert je Stück:

Kcal 413 Kalorien, 38,8 g Eiweiß, 22,5 g Fett, 10 g Kohlenhydrate

Chorizo-Pizza

Zutaten

Für den Teig

1 Blumenkohl (ca. 500 g)

50 g mittelalter, geriebener Gouda

10 g Flohsamenschalen

2 mittelgroße Eier

2 TL getrockneter Oregano

Salz

Pfeffer

Belag

1 roter Paprika (ca. 75 g)

1 rote Zwiebel (ca. 75 g)

75 g mittelalter, geriebener Gouda

60 g pikante Chorizo

Backofen auf 185 °C vorheizen (Umluft).

Ein Backblech mit Backpapier auslegen; eine gefettete Ofenform.

Blumenkohl putzen, raspeln, in die vorbereitete Ofenform füllen, im Backofen 25 Minuten rösten, dabei immer wieder durchmischen. Der Blumenkohl ist fertig, wenn er viel Feuchtigkeit verloren hat. Aus dem Ofen nehmen, beiseitestellen und auch hier immer wieder mischen, bis kein Dampf mehr zu sehen ist.

In eine Schüssel den kalten Blumenkohl füllen, Flohsamenschalen, Käse und Eier zugeben, mit Salz, Pfeffer würzen, das Ganze zu einem glatten Teig verarbeiten, diesen auf dem Backblech gleichmäßig verteilen, im Backofen 20 Minuten vorbacken.

Paprika putzen, entkernen, in Streifen schneiden, Zwiebel abziehen, in Scheiben schneiden, Chorizo in dünne Scheiben schneiden.

Den noch warmen Pizzaboden abwechselnd mit Chorizo, Zwiebel und Paprika belegen, über das Ganze den geriebenen Käse streuen, dann nochmals 15 Minuten im Backofen backen.

Nährwert je Stück:

Kcal 542 Kalorien, 36,5 g Eiweiß, 35,9 g Fett, 12 g Kohlenhydrate

Westernstyle Pizza

<u>Zutaten</u>

<u>Für den Teig</u>

10 g Flohsamenschalen

3 Zucchini (ca. 500 g)

1 Ei

Salz

Cayennepfeffer

50 g geriebenen Manchego-Käse

<u>Für den Belag</u>

1 Dose Kidneybohnen (ca. 150 g)

1 großer orangefarbener Paprika (ca. 150 g)

1 rote Zwiebel (ca. 75 g)

50 ml zuckerfreies Ketchup

25 ml Sriracha-Soße

75 g geriebenen Manchego-Käse

Backofen auf 180 °C vorheizen (Umluft).

Ein Backblech mit Backpapier auslegen.

Zucchini waschen, entkernen, fein raspeln, Kidneybohnen in ein Sieb geben, unter fließendem Wasser so lange abspülen, bis sich kein Schaum mehr bildet, dann abtropfen lassen. Paprika waschen, entkernen, in Streifen schneiden, Zwiebel abziehen, in Ringe schneiden.

Die geraspelten Zucchini mit Salz mischen, in ein Sieb geben, 15 Minuten ruhen lassen, dann kräftig ausdrücken und in eine Schüssel geben. Ei, Flohsamenschalen, Käse zufügen, mischen, mit Salz und Cayennepfeffer würzen.

Die Masse auf dem Backblech gleichmäßig verteilen, im Backofen 25 Minuten backen.

Ketchup und Sriracha-Soße in eine Schüssel geben, mischen. Die Mischung auf dem noch warmen Pizzaboden gleichmäßig verstreichen. Die Zutaten für den Belag auf der Pizza verteilen, mit geriebenem Käse bestreuen, im Backofen weitere 20 Minuten backen.

Nährwert je Stück:

Kcal 474 Kalorien, 32,8 g Eiweiß, 21,4 g Fett, 26 g Kohlenhydrate

Süße Pizzaecken

<u>Zutaten</u>

<u>Für den Teig</u>

60 g Mandelmehl (nicht entölt)

50 g Butter

125 g Mozzarella (Fettgehalt: 45 %)

½ TL Guarkernmehl

30 g Kokosmehl

30 g Erythrit

1 Ei

2 TL Stevia-Streupulver mit Erythrit

1 TL Backpulver

Für den Belag

100 g frische Erdbeeren

1 Stange Rhabarber (ca. 100 g)

1 Becher Crème fraîche (ca. 75 g)

1 TL Stevia-Streupulver mit Erythrit

15 g Erythrit

25 g Mandelblättchen

Backofen auf 175 °C vorheizen (Umluft).

Ein Backblech mit Backpapier auslegen.

Mozzarella würfeln, Rhabarber schälen, stückeln, Erdbeeren waschen, in Scheiben schneiden.

Butter in eine Schüssel geben, Mozzarella, Ei zufügen, mit dem Pürierstab pürieren.

Alle trockenen Zutaten in eine Schüssel geben, mischen, die Mischung portionsweise zur Butter-Mozzarella-Mischung geben, einrühren. Das Ganze zu einem glatten Teig verarbeiten, in Frischhaltefolie wickeln, im Kühlschrank 1 Stunde kaltstellen.

Den Teig auf Backpapier etwa 1 cm dick ausrollen, das Backpapier auf das Backblech legen, im Backofen 12 Minuten vorbacken.

Crème fraîche in eine Schüssel geben, Streupulver zufügen, verrühren, die Masse auf dem Pizzaboden gleichmäßig verteilen, Rhabarber darauf geben und im Backofen weitere 10 Minuten backen. Dann Erdbeeren und Mandelblättchen auf dem Rhabarber verteilen, nochmals 5

Minuten im Backofen backen, abkühlen lassen.

Die warme Pizza in Stücke schneiden.

Nährwert je Stück:

Kcal 290 Kalorien, 9,5 g Eiweiß, 26 g Fett, 3,4 g Kohlenhydrate

Gerollte Pizza

Zutaten:

Für den Boden

50 g Mandelmehl (nicht entölt)

½ TL Backpulver

200 g Magerquark

15 g Flohsamenschalen

3 mittelgroße Eier

½ TL Salz

Für die Tomatensoße

1 Dose gehackte Tomaten (ca. 200 g)

1 kleine rote Zwiebel (ca. 25 g)

5 - 6 Kirschtomaten (ca. 100 g)

½ Chilischote

1 Knoblauchzehe

10 ml Olivenöl

25 g Tomatenmark, aus der Tube

1 EL Erythrit

1 EL heller Balsamico

1 EL getrockneter Oregano

Salz

Pfeffer

<u>Für den Belag</u>

125 g Mozzarella

150 g gekochter Schinken

50 g Rucola

75 g Salami

25 g geriebener Parmesan

Backofen auf 175 °C vorheizen (Umluft).

Ein Backblech mit Backpapier auslegen.

Rucola waschen, grob hacken, Mozzarella fein würfeln.

Für die Soße: Zwiebel abziehen, hacken, Knoblauchzehe abziehen, fein hacken, Chilischote waschen, hacken, Kirschtomaten waschen, vierteln.

In einen Topf Olivenöl geben, erhitzen, Zwiebeln glasig dünsten, Knoblauch und Chili zufügen, 2 Minuten braten, ablöschen. Tomaten aus der Dose, Kirschtomaten und Tomatenmark zufügen, alles vermischen. In die Soße Balsamico, Oregano, Salz und Pfeffer sowie Erythrit zugeben, verrühren und im offenen Topf 25 Minuten köcheln lassen, dann mit dem Pürierstab pürieren.

Für den Boden die Eier trennen, Eiweiße zu steifem Schnee schlagen.

Magerquark in eine Schüssel geben, Eigelbe zufügen, verrühren, dann die restlichen Zutaten für den Boden zugeben, vermischen. Eischnee unterheben und den Teig auf einem Backblech gleichmäßig verstreichen. Im Backofen 15 Minuten backen, aus dem Ofen nehmen, die Teigplatte auf ein neues Backpapier kippen (die vorherige Oberseite ist nun die Unterseite), das Backpapier der jetzigen Oberseite abziehen.

Auf der Teigplatte die Tomatensoße gleichmäßig verteilen, Schinken, Salami und Mozzarella abwechselnd darauf geben, mit Parmesan bestreuen. Im Backofen weitere 10 Minuten backen, kurz abkühlen lassen, mit Rucola bestreuen. Teigplatte vorsichtig aufrollen, an den Enden andrücken, in Stücke schneiden.

Nährwert je Stück:

Kcal 563 Kalorien, 41 g Eiweiß, 36,8 g Fett, 13,4 g Kohlenhydrate

6. Herzhaftes aus aller Welt

Low Carb ist keine Ernährung, die es nur in Deutschland gibt; diese Ernährungsform nutzen Menschen weltweit. Ursprünglich stammt die Idee aus den USA, allerdings anfangs als Diät. Um Ihnen einen kleinen Überblick über die Backkunst anderer Länder zu verschaffen, haben wir für Sie eine kleine Auswahl internationaler Rezepte zusammengestellt.

Pikante Wurströllchen

Zutaten

Für den Teig

30 g Kartoffelfasern

50 g Mandelmehl (nicht entölt)

1 TL Guarkernmehl

125 g Mozzarella (Fettgehalt: 45 %)

50 g Butter

1 Ei

1 TL Backpulver

1 TL Meersalz

Für die Füllung

8 Nürnberger Bratwürstchen

4 TL mittelscharfer Senf

Backofen auf 175 °C vorheizen (Umluft).

Ein Backblech mit Backpapier auslegen.

Kartoffelfasern, Mandelmehl, Backpulver mit Salz und Guarkernmehl in eine Schüssel sieben und gut durchmischen.

Mozzarella in Würfel schneiden, in eine Schüssel geben, Ei und zimmerwarme Butter zufügen, mit dem Pürierstab pürieren. Die Mehlmischung portionsweise unter die Mozzarellamischung geben, unterrühren. Das Ganze zu einem glatten Teig verarbeiten, in Frischhaltefolie wickeln, 2 Stunden im Kühlschrank ruhen lassen.

Zwischen zwei Frischhaltefolien den Teig rechteckig ausrollen, aus dem Rechteck acht Dreiecke ausschneiden, diese mit Senf bestreichen. Auf dem Senf die Nürnberger Würstchen verteilen, die Dreiecke vom breiten Ende aufrollen, auf das Backblech legen, in den Backofen schieben und 25 Minuten backen.

Zu den Teigröllchen passt gemischter Salat.

Nährwert je Portion:

Kcal 548 Kalorien, 19,4 g Eiweiß, 46,7 g Fett, 8 g Kohlenhydrate

Scones

<u>Zutaten</u>

30 g Kokosmehl

60 g Mandelmehl (nicht entölt)

½ TL Guarkernmehl

1 TL Backpulver

125 g Mozzarella

50 g Butter (zimmerwarm)

1 Ei

2 Knoblauchzehen

2 EL gemischte, getrocknete Kräuter

1 TL Salz

Backofen auf 175 °C vorheizen (Umluft).

Ein Backblech mit Backpapier auslegen.

Knoblauch abziehen, durch die Presse pressen, Mozzarella würfeln.

In eine Schüssel Kokosmehl, Guarkernmehl und Mandelmehl mit Backpulver in eine Schüssel sieben, vermischen.

In eine weitere Schüssel Butter, Mozzarella und Ei geben, mit dem Pürierstab pürieren. Knoblauch und getrocknete Kräuter zufügen, unterziehen. Die Mehlmischung portionsweise unter die Mozzarella-Ei-Mischung geben, unterrühren und das Ganze zu einem glatten Teig verarbeiten. Diesen in Frischhaltefolie wickeln, im Kühlschrank 2 Stunden ruhen lassen.

Auf dem Backblech aus dem Teig einen runden Laib formen, diesen in acht Stücke schneiden, im Backofen 25 Minuten backen.

Corizo-Crostata

Zutaten

Für den Teig

1 Ei

50 g Mandelmehl (nicht entölt)

1 TL Guarkernmehl

10 g Traubenkernmehl

20 g Kartoffelfasern

125 g Mozzarella (Fettgehalt: 45 %)

50 g zimmerwarme Butter

1 TL Salz

1 TL Backpulver

Für den Belag

100 g geriebener, spanischer Schafskäse (beispielsweise Manchego)

1 kleine Möhre (ca. 50 g)

1 roter Spitzpaprika (ca. 100 g)

1 gelber Spitzpaprika (ca. 100 g)

75 g Chorizo

75 g Ziegenfrischkäse

Backofen auf 175 °C vorheizen (Umluft).

Ein Backblech mit Backpapier auslegen.

Paprika putzen, entkernen, in Streifen schneiden, Möhre putzen, würfeln, Mozzarella würfeln, Chorizo in fingerdicke Scheiben schneiden.

In eine Schüssel Mandelmehl, Kartoffelfasern, Traubenkernmehl und Guarkernmehl mit Salz und Backpulver geben, mischen.

In eine separate Schüssel Butter, Ei und Mozzarella geben, pürieren. Die Mehlmischung portionsweise unter die Mozzarella-Butter-Mischung geben, unterrühren, das Ganze im Kühlschrank 2 Stunden ruhen lassen.

Auf einer bemehlten Arbeitsfläche (idealerweise auf einem bemehlten Backpapier) den Teig zu einem Kreis ausrollen (Ø ca. 30 cm), dabei die Außenränder des Backpapiers ca. 2 cm einschlagen, im Backofen 10 Minuten vorbacken.

Auf dem noch warmen Boden rote und gelbe Paprika, Möhre und Zwiebel verteilen, mit Käse bestreuen. Im Backofen weitere 15 Minuten backen, dann das Ganze in acht Stücke (wie bei einem Kuchen) teilen.

Nährwert je Portion:

Kcal 580 Kalorien, 26,5 g Eiweiß, 46,3 g Fett, 10 g Kohlenhydrate

Fladen mit Salat und Sticks

Zutaten

Für den Teig

25 g Kokosmehl

50 g teilweise entöltes Macadamiamehl

½ TL Guarkernmehl

1 TL Backpulver

40 g Butter

125 g Mozzarella (Fettgehalt: 45 %)

1 E

1 TL Salz

25 g zimmerwarme Butter

25 g Macadamianüsse (Fertigprodukt: gehackte, geröstete und gesalzene Nüsse)

3 Knoblauchzehen

Für den Salat

5 Kirschtomaten (ca. 200 g)

1 kleiner Romanasalat (ca. 200 g)

1 Glas Snackgurken (ca. 150 g)

1 mittelgroßer roter Paprika (ca. 150 g)

Für das Dressing

25 g Ziegenfrischkäse

1 EL Schnittlauch

2 TL Olivenöl

2 TL heller Balsamico

2 EL Wasser

etwas Erythrit

Meersalz

Pfeffer

Für die Sticks

600 g Hähnchenunterkeulen

2 TL Ketchup (zuckerfrei)

1 EL schwarze Bohnenpaste mit Knoblauch

1 EL Sambal Oelek

Einen Tag vorher:

Mit der Bohnenpaste die Hähnchenunterkeulen einreiben, zugedeckt im Kühlschrank über Nacht ruhen lassen.

Backofen auf 175 °C vorheizen (Umluft).

Ein Backblech mit Backpapier auslegen.

Knoblauch abziehen, in feine Scheiben schneiden, Mozzarella würfeln.

In eine Schüssel Macadamiamehl, Guarkernmehl, Backpulver und Kokosmehl geben, mischen.

Butter in einem Topf erhitzen, schmelzen lassen, dann in eine separate Schüssel geben. Ei und Mozzarella zufügen, mit dem Pürierstab pürieren. Die Mehlmischung portionsweise unter die Mozzarella-Butter-Mischung geben, unterrühren, den Teig in Frischhaltefolie wickeln, im Kühlschrank 2 Stunden ruhen lassen.

Aus dem Teig einen Fladen formen, Knoblauch, Macadamianüsse und Butter darauf gleichmäßig verteilen, Hähnchenunterkeulen ebenfalls auf das Blech legen, im Backofen 20 Minuten garen lassen.

Den Fladen aus dem Ofen nehmen noch warm in Schnitten teilen (entweder mit einem Messer oder einem Pizzaroller).

Die Hähnchenunterkeulen bleiben weitere 10 Minuten im Ofen.

Tomaten waschen, halbieren, Paprika putzen, entkernen, in Streifen schneiden. Romanasalat putzen, klein schneiden, Gurken in Scheiben schneiden, alles in eine Schüssel geben, vermengen.

Alle Zutaten für das Dressing in eine Schüssel geben, verrühren und über die Salatmischung geben. Nochmals durchmischen.

Nährwert je Portion:

Kcal 653 Kalorien, 43,5 g Eiweiß, 47 Fett, 10,5 g Kohlenhydrate

Schnecken mit Wurstfüllung

Zutaten

Teig

50 g Mandelmehl

30 g Kokosmehl

½ TL Guarkernmehl

1 TL Backpulver

125 g Mozzarella (Fettgehalt: 45 %)

50 g Butter

1 Ei

Für die Füllung

3 Frühlingszwiebeln

200 g grobes, rohes Wurstbrät

1 EL Frischkäse

Salz

Pfeffer

Backofen auf 175 °C vorheizen (Umluft).

Ein Backblech mit Backpapier auslegen.

Frühlingszwiebeln putzen, abziehen, in Ringe schneiden, Mozzarella würfeln.

In eine Schüssel Mandelmehl, Kokosmehl und Garkernmehl mit Backpulver und Salz geben, alles vermischen.

In eine separate Schüssel Butter, Ei und Mozzarella geben, mit dem Pürierstab pürieren. Die Mehlmischung portionsweise unter die Mozzarella-Ei-Mischung unterrühren, Teig in Frischhaltefolie wickeln, im Kühlschrank 2 Stunden ruhen lassen.

Wurstbrät mit Frischkäse in eine Schüssel geben, mit Salz und Pfeffer würzen, alles gut vermengen.

Auf einer bemehlten Arbeitsfläche den Teig zu einem Rechteck ausrollen, die Wurstbrätmischung gleichmäßig auf dem Teig verteilen.

Zwiebelringe darüber streuen, an den Seiten des Teigs kleine Ränder frei lassen, dann den Teig zu einer Rolle formen. Diese in fingerdicke Scheiben schneiden, auf dem Backblech verteilen, im Ofen 25 - 30 Minuten backen.

Gefüllte Zupfbrötchen

Zutaten

Für den Teig

15 g Walnussmehl (entölt)

15 g Flohsamenschalen

25 g Kokosmehl

1 TL Backpulver

25 g Eiweißpulver

15 g gehackte Walnüsse

1 Ei

200 ml Buttermilch

1 TL Salz

1 TL heller Balsamico

½ TL Bockshornklee

Für die Füllung

75 g Schinkenspeck

75 g geriebener Old Amsterdamer Käse

Backofen auf 175 °C vorheizen (Umluft).

Ein Backblech mit Backpapier auslegen.

Bockshornklee mörsern, Schinkenspeck in Streifen schneiden.

In eine Schüssel Walnussmehl, Kokosmehl, Flohsamenschalen, Eiweißpulver, Backpulver und Salz geben, vermischen. Zur Mehlmischung Ei, Walnüsse, Bockshornklee und portionsweise Buttermilch zufügen, unterrühren. Balsamico beigeben und aus dem Ganzen einen glatten Teig herstellen.

Auf einer bemehlten Arbeitsfläche aus dem Teig 2 große Brötchen formen, auf das Backblech legen, im Backofen ca. 35 - 40 Minuten backen, beiseitestellen.

In die beiden abgekühlten Brötchen große Würfel einschneiden, jedoch 2 cm Boden ganz lassen. Schinkenstreifen und den geriebenen Käse in die Schnittflächen stopfen, sofern noch Käse übrig ist, über die Masse streuen.

Die Zupfbrötchen 15 Minuten im Backofen backen.

Mit gemischtem Salat ist dies ein ausgezeichnetes Mittag- oder Abendessen.

Wrap mit Gemüsefüllung

<u>Zutaten</u>

<u>Für den Teig</u>

15 g Flohsamenschalen

30 g geriebener Parmesan

½ TL Salz

150 g Magerquark

3 mittelgroße Eier

<u>Für die Füllung</u>

1 Stück Salatgurke (ca. 150 g)

je 4 rote und gelbe Kirschtomaten (ca. 150 g)

1 kleiner, roter Paprika (ca. 100 g)

¼ rote Zwiebel

<u>Topping</u>

½ reife Avocado (ca. 150 g)

1 Glas Griechischer Joghurt (ca. 150 g)

75 g Feta

30 g Ajvar

½ TL gemahlener Kreuzkümmel

Salz

Pfeffer

Backofen auf 175 °C vorheizen (Umluft).

Ein Backblech mit Backpapier auslegen.

Tomaten waschen, vierteln, Zwiebel abziehen, grob hacken, Paprika putzen, entkernen, würfeln, Salatgurke entkernen, würfeln.

In eine Schüssel Parmesan, Flohsamenschalen und Salz geben, mischen. Eier und Magerquark zugeben; alles gut vermischen; das Ganze auf dem Backblech gleichmäßig verteilen, glatt streichen, im Backofen 20 Minuten backen, dann das große Viereck in vier gleich große Stücke schneiden.

Topping: Avocado entkernen, würfeln, Feta in kleine Würfel schneiden. Alles in eine Schüssel geben, mit dem Pürierstab pürieren, bis das Ganze eine cremige Konsistenz hat. Würzen mit Salz und Pfeffer.

Füllung: Salatgurke, Kirschtomaten, Paprika und Zwiebel in eine Schüssel geben und mischen. Die Mischung auf die Teigstücke geben, Topping darüber verteilen, die Enden der Teigstücke so umschlagen, dass eine geschlossene „Tasche“ entsteht.

Nährwert je Portion:

Kcal 570 Kalorien, 35,5 g Eiweiß, 38,2 Fett, 18,1 g Kohlenhydrate

Toast Hawaii mit Spitzkohlsalat

Zutaten

6 Scheiben Butter-Toast, mit wenig oder ohne Kohlenhydrate

6 Scheiben gekochten Schinken

1 Stück frische Ananas, alternativ aus der Dose

75 g geriebener, mittelalter Gouda

Für den Salat

800 g Spitzkohl

1 kleine rote Zwiebel

100 g saure Sahne

25 g Kokosmus

1 roter Paprika

25 g Kokosraspel

1 EL heller Balsamico

Salz (idealerweise Hawaii-Meersalz)

Pfeffer

Backofen auf 175 °C vorheizen (Umluft).

Ein Backblech mit Backpapier auslegen.

Für den Salat: Spitzkohl waschen, in dünne Streifen schneiden; Paprika putzen, entkernen, würfeln, Zwiebel abziehen, würfeln.

Eine Schüssel in heißes Wasser stellen, Kokosmus zufügen, im Wasserbad schmelzen.

Im Wasserkocher Wasser erhitzen, Spitzkohl mit dem heißen Wasser übergießen, in ein Sieb füllen, abtropfen lassen. Den abgetropften Spitzkohl in eine Schüssel geben, Paprika, Zwiebel zufügen, mischen.

Für das Dressing saure Sahne, Kokosraspeln, geschmolzenes Kokosmus, Balsamico in eine Schüssel geben, mischen und die Kohl-Paprika-Mischung damit übergießen. Einen Deckel auf die Schüssel legen, einige Stunden im Kühlschrank ruhen lassen.

Für den Toast Hawaii: Die Ananas in dünne Scheiben schneiden. Toastscheiben im Toaster rösten, auf das Backblech legen. Erst eine Scheibe Schinken, darauf eine Scheibe Ananas legen, Käse über den Toast streuen, im Backofen 15 Minuten backen.

Toast Hawaii mit Spitzkohlsalat zusammen servieren, ergibt ein köstliches Mittag- oder Abendessen.

Pfannkuchen Berliner Art

Für den Teig

15 g Flohsamenschalen

65 g Eiweißpulver, Vanille

250 g Quark mit (Fettgehalt: 20 %)

25 g Kokosmehl

3 mittelgroße Eier

1 TL Backpulver

Zum Frittieren

750 g Butterschmalz

Für die Füllung

80 g TK-Himbeeren

1 TL Stevia (Streupulver)

30 g Erythrit

1 TL Stevia mit Erythrit (Streupulver)

Butterschmalz in der Fritteuse oder einem hohen Topf erhitzen, bis sich Perlen bilden, wenn man ein Holzstäbchen hineinhält.

In eine Schüssel Eiweißpulver, Kokosmehl, Flohsamenschalen geben und mischen. Eier und Quark portionsweise unterrühren, alles zu einem glatten Teig verarbeiten. Backpulver über den Teig geben, beiseitestellen. Aus dem Teig runde, flache Pfannkuchen formen.

Nach und nach die Pfannkuchen in das Fett legen, bis sie gebräunt sind (dauert etwa 10 Minuten), dabei die Pfannkuchen öfters wenden, aus der Fritteuse nehmen, auf Küchenkrepp legen, abkühlen lassen.

Die TK-Himbeeren auftauen, in einen Topf geben, leicht erwärmen, Stevia-Streupulver zufügen, unterrühren, grob pürieren. Das Himbeerpüree in eine Füllspritze füllen, jeweils auf die Hälfte eines Pfannkuchens geben, die andere Hälfte über die Füllung klappen.

Erythrit und Stevia in einen tiefen Teller schütten, mischen, die Pfannkuchen darin wälzen.

Nährwert je Portion:

Kcal 273 Kalorien, 17,2 g Eiweiß, 20,2 Fett, 3,6 g Kohlenhydrate

Klassischer Zwiebelkuchen

<u>Zutaten</u>

<u>Für den Teig</u>

100 g Haferkleie

75 g Mandelmehl (nicht entölt)

200 g Magerquark

30 g zimmerwarme Butter

1 mittelgroßes Ei

1 TL Salz

½ TL Backpulver

Für die Füllung

900 g Zwiebeln

200 g fettarmer Schmand (Fettgehalt: 20 %)

125 g Schinkenspeck

1 TL Kümmel (ganz)

2 mittelgroße Eier

Salz

Cayennepfeffer

weißer Pfeffer

2 EL Olivenöl

Backofen auf 185 °C vorheizen (Umluft)

Eine Springform (Ø 26 cm) oder Quicheform einfetten.

Zwiebeln abziehen, in Ringe schneiden, Schinkenspeck würfeln.

Olivenöl in eine Pfanne geben, erhitzen, Zwiebelringe darin weich braten (dauert ca. 15 - 20 Minuten).

Die Zutaten für den Teig in die Rührschüssel der Küchenmaschine geben, gründlich vermischen (alternativ in eine große Schüssel geben und das Handrührgerät verwenden), den Teig für einige Minuten beiseitestellen.

Zwiebelringe in eine Schüssel geben, leicht abkühlen lassen, dann Schmand, Eier und Schinkenspeck zufügen, verrühren und mit Cayennepfeffer, Pfeffer und Salz kräftig würzen, Kümmel zufügen.

Den Teig in die vorbereitete Form füllen, einen Rand ausarbeiten, im Backofen 20 Minuten vorbacken.

Die Zwiebelmischung auf dem Kuchenboden verteilen, nochmals 30 Minuten backen.

Nährwert je Stück:

Kcal 319 Kalorien, 14,8 g Eiweiß, 21,8 g Fett, 15 g Kohlenhydrate

Caprese Schlemmerzungen

Zutaten

Für den Teig

40 g Kokosmehl

60 g Haferkleie

1 TL Backpulver

200 g saure Sahne (Fettgehalt: 10 %)

40 Eiweißpulver, Natur

3 mittelgroße Eier

1 TL Salz

½ TL Erythrit

Für den Belag

4 kleine Tomaten (ca. 150 g)

1 Glas Basilikumpesto (wir brauchen 90 g)

250 g Mozzarella (Fettgehalt: 45 %)

Backofen auf 175 °C vorheizen (Umluft).

Ein Backblech mit Backpapier auslegen.

Mozzarella hacken, Tomaten waschen, in Scheiben schneiden.

In die Rührschüssel der Küchenmaschine alle Zutaten für den Teig geben, vermischen (es geht auch mit dem Handrührgerät). Das Ganze zu einem glatten Teig verarbeiten, 10 Minuten beiseitestellen.

Den Teig auf dem Backblech in Form von zwei 3 cm hohen, ovalen Kreisen verteilen, Kreise etwas platt drücken, im Backofen 30 Minuten backen, abkühlen lassen.

Mozzarella in eine Schüssel geben, mit dem Pesto mischen.

Die Baguettes der Länge nach durchschneiden, auf die Schnittflächen die Mozzarellamischung streichen, Tomaten über der Mischung verteilen, weitere 20 Minuten backen.

Nährwert je Stück:

Kcal 490 Kalorien, 31,6 g Eiweiß, 32,3 g Fett, 14,5 g Kohlenhydrate

7. Kuchen und Gebäck

Hier müssen wir nochmals auf das Sprichwort zurückkommen: Der Mensch lebt nicht von Brot allein – die meisten Menschen essen auch gerne Kuchen. Auch wenn wir auf unsere Figur achten, zu einer Feier gehören Kuchen und Gebäck einfach dazu. Doch nicht nur zu Feiern, sondern auch zum Sonntagskaffee mit der Familie. Kuchen und Gebäck kann man immer anbieten; besonders die Kuchen und das Gebäck, die aus den nachfolgenden Rezepten hergestellt werden. Es überrascht immer wieder, welche süßen Verführungen auch in den Low-Carb-Ernährungsplan passen. Einige davon haben wir für Sie zusammengestellt.

Himbeer-Streuselkuchen

Zutaten

50 g Mandelmehl (nicht entölt)

75 g Butter

25 g Mandelmehl (entölt)

1 Ei (Größe M)

50 g Eiweißpulver, Vanillegeschmack

½ TL Backpulver

½ TL Guarkernmehl

1 mittelgroßes Ei

2 mittelgroße Eier

50 g Erythrit

3 TL Stevia mit Erythrit (Streupulver)

1 Prise Salz

200 g ungesüßte TK-Himbeeren

Backofen auf 175 °C vorheizen (Umluft).

Eine mit Backpapier ausgelegte Springform (Ø 18 cm), den Rand einfetten.

Himbeeren auftauen, Eier trennen, Eiweiße beiseitestellen (es werden nur die Eigelbe verwendet).

In einem Topf Himbeeren erhitzen, 1 Teelöffel Stevia mit Erythrit zufügen, auflösen, abkühlen lassen. Guarkernmehl über die Himbeeren sieben, vorsichtig unterrühren.

In eine Schüssel Butter mit Eigelben geben, verrühren; das Ei aufschlagen, zufügen, verrühren sowie 2 Teelöffel Stevia mit Erythrit und Salz zufügen.

Beide Mandelmehle, Eiweißpulver, Erythrit mit Backpulver in eine Schüssel geben, alles mischen, portionsweise die Ei-Butter-Mischung zufügen, unterrühren.

Etwa $^{2}/_{3}$ vom Teig in die Springform füllen, dabei einen Rand formen. Die Himbeermischung auf der Mitte des Teigs verteilen. Den restlichen Teig zu Streuseln krümeln, über den Himbeeren verteilen und im Backofen 25 Minuten backen. Dann den Kuchen mit Alufolie abdecken, weitere 20 Minuten backen.

Nährwert je Stück:

Kcal 178 Kalorien, 9,6 g Eiweiß, 13,7 g Fett, 2,4 g Kohlenhydrate

Erdbeerkuchen Low Carb

Zutaten

100 g frische Erdbeeren

25 g Kokosmehl

30 g Erythrit (Puder)

¼ TL Guarkernmehl

½ TL Backpulver

35 g Eiweißpulver mit Vanillegeschmack

250 g Schmand (Fettgehalt: 20 %)

1 Ei

¼ TL Vanille-Erythrit

30 g zuckerfreie, weiße Schokodrops

Für die Form

10 g Butter

Backofen auf 175 °C vorheizen (Umluft).

Eine Springform (Ø 18 cm) mit Backpapier auslegen; Rand einfetten.

Erdbeeren verlesen, waschen, in Scheiben schneiden.

In eine Schüssel Kokosmehl, Guarkernmehl, Eiweißpulver, Erythrit (Puder), Vanille-Erythrit und Backpulver geben. Alles gut durchmischen.

In eine separate Schüssel Ei und Schmand geben, verrühren. Die Mehlmischung portionsweise unter die Schmand-Ei-Mischung geben. Schokodrops zufügen, und diese unterrühren.

In die Springform den Teig füllen, glatt streichen, Erdbeerscheiben darauf verteilen, im Backofen, 25 Minuten backen.

Nährwert je Stück:

Kcal 138 Kalorien, 6,3 g Eiweiß, 10,1 g Fett, 2,9 g Kohlenhydrate

Schokoladenkuchen mit Mandeln

Zutaten

Für den Teig

50 g Mandelmehl (entölt)

25 g Kokosmehl

50 g Eiweißpulver mit Vanillegeschmack

50 g Erythrit

7 g Trockenhefe

1 ½ TL Backpulver

½ TL Guarkernmehl

125 g Mozzarella (Fettgehalt: 45 %)

100 ml Milch

50 g zimmerwarme Butter

5 g Kokosblütenzucker

2 TL Stevia mit Erythrit (in Pulverform)

1 Ei

<u>Für die Füllung</u>

60 g Mandelmus

10 g Kakaopulver

50 g gehackte Mandeln

25 g Butter

2 TL (gibt es als Streupulver)

¼ TL gemahlene Bourbonvanille

<u>Zum Bestreuen</u>

1 TL Erythrit

Backofen auf 175 °C vorheizen (Umluft).

Eine Springform (Ø 18 cm) mit Backpapier auslegen, Rand einfetten.

Für den Teig: Milch erwärmen, Hefe und Kokosblütenzucker zufügen und auflösen. 10 Minuten beiseitestellen.

Mandelmehl, Erythrit, Kokosmehl, Backpulver, Eiweißpulver, Guarkernmehl, Kokosblütenzucker, 2 Teelöffel Stevia in eine Schüssel geben, gut durchmischen.

Mozzarella würfeln und in eine weitere Schüssel geben. Zimmerwarme Butter und Ei zufügen, das Ganze zu einer geschmeidigen Masse verarbeiten. In die Mozzarella-Ei-Mischung die Mehl-Stevia-Mischung portionsweise zufügen, das Ganze ordentlich verrühren. Die Hefe-Milch-Mischung zugießen, alles zu einem glatten Teig verarbeiten, dann 15 Minuten im Kühlschrank ruhen lassen.

Für die Füllung: Im Wasserbad die Butter schmelzen, in eine Schüssel geben, Mandelmus, 2 Teelöffel Stevia, ½ Teelöffel Erythrit mit Vanillegeschmack und Kakao zufügen, alles miteinander mischen.

Auf einer bemehlten Arbeitsfläche den Teig ca. 1 cm dick zu einem Rechteck ausrollen. Das Rechteck mit der Schokocreme bestreichen, die gehackten Mandeln darüber streuen.

Den Teig zu einer Rolle formen, davon acht Scheiben abschneiden und mit der Schnittfläche nach oben in der Springform verteilen, Erythrit darüber streuen, im Backofen 25 Minuten backen. Dann die Form mit Alufolie abdecken, weitere 20 Minuten backen.

Nährwert je Stück:

Kcal 280 Kalorien, 17 g Eiweiß, 20,7 g Fett, 4,2 g Kohlenhydrate

Klassischer Marmorkuchen

Zutaten

Für den Teig

60 g Mandelmehl (nicht entölt)

30 g Mandelmehl (entölt)

35 g Kokosmehl

2 TL Backpulver

35 g Eiweißpulver mit Vanillegeschmack

75 ml Milch

75 ml Sahne

75 zimmerwarme Butter

60 g Erythrit

3 mittelgroße Eier

2 TL Stevia mit Erythrit (Streupulver)

1 Prise Salz

<u>Für den dunklen Teig</u>

25 g Kakaopulver

25 ml Sahne

25 ml Milch

2 TL Stevia mit Erythrit (Streupulver)

<u>Nach Belieben</u>

Je 30 g weiße und dunkle Schokodrops (zuckerfrei)

Backofen auf 175 °C vorheizen (Umluft).

Eine ca. 20 cm lange Kastenform mit Backpapier auslegen.

In eine Schüssel Mandelmehle, Kokosmehl, Eiweißpulver, Backpulver, 2 Teelöffel Erythrit, Stevia und Salz geben, vermischen.

Butter schaumig rühren, Eier zufügen, je 75 ml Milch und Sahne zugießen, alles zu einer cremigen Masse verarbeiten. Portionsweise die Mehlmischung zufügen, alles miteinander verrühren und zu einem geschmeidigen Teig verarbeiten.

In eine zweite Schüssel die Hälfte des Teigs füllen, je 25 ml Milch und Sahne zugießen, verrühren, Kakaopulver und 2 Teelöffel Stevia mit Erythrit zufügen, alles miteinander vermischen.

Wer möchte, kann in den dunklen Teig die dunklen Schokodrops, in den hellen Teig die weißen Schokodrops unterheben.

Die Hälfte des hellen Teigs in die Kastenform füllen. Über den hellen Teig kommt der dunkle Teig und zum Abschluss der restliche helle Teig. Für die Marmorstruktur wird eine Gabel spiralförmig durch den Teig gezogen.

Den Kuchen im Backofen ca. 30 Minuten backen; dann die Form mit Alufolie abdecken, den Kuchen weitere 25 Minuten backen.

Nährwert je Stück:

Kcal 222 Kalorien, 9,7 g Eiweiß, 18,1 g Fett, 3,8 g Kohlenhydrate

Bodenloser Käsekuchen

<u>Zutaten</u>

250 g Quark (Fettgehalt: 40 %)

35 g Eiweißpulver Vanille

2 mittelgroße Eier

1 Apfel (ca. 120 g)

25 g Puderzucker

2 TL Stevia mit Erythrit (Streupulver)

¼ TL abgeriebene Zitronenschale

20 g Erythrit (Puder)

Backofen auf 165 °C vorheizen (Umluft).

Eine Springform (Ø 18 cm) mit Backpapier auslegen; Ränder einfetten.

Die Eier trennen, die Eiweiße in einer Schüssel auffangen, zu sehr steifem Schnee schlagen. Apfel waschen, schälen, entkernen, in Scheiben schneiden.

In eine Schüssel Eigelbe, Quark, Eiweißpulver, Puderzucker, Stevia, Zitronenschale, Erythrit geben, alles verrühren, Eischnee vorsichtig unterheben.

In die Springform die Käsecreme füllen, darauf die Apfelscheiben verteilen, im Backofen 35 Minuten backen und im Backofen bei geöffneter Tür auskühlen lasen.

Nährwert je Stück:

Kcal 90 Kalorien, 8,7 g Eiweiß, 5 g Fett, 3,1 g Kohlenhydrate

Kalter Hund

Zutaten

Für die Butterkekse

50 g Mandelmehl (nicht entölt)

65 g Erythrit

50 g Mandelmehl (entölt)

50 g Eiweißpulver, Vanille

1 TL Backpulver

75 g zimmerwarme Butter

2 mittelgroße Eier

2 TL Stevia mit Erythrit (Streupulver)

1 Prise Salz

<u>Für die Schokocreme</u>

180 g Mascarpone

120 g Kokosöl

100 g dunkle Schokodrops (zuckerfrei)

60 g Eiweißpulver, Schokoladengeschmack

4 EL Kakaopulver

20 g zimmerwarme Butter

2 EL Erythrit (Puder)

Backofen auf 175 °C vorheizen (Umluft).

Eine kleine Kastenform mit Frischhaltefolie auslegen, ein Backblech mit Backpapier auslegen.

Für die Butterkekse: Butter schaumig rühren, Eier, Stevia und Salz zufügen, gut verrühren.

Mandelmehle, Erythrit, Eiweißpulver, Backpulver in eine Schüssel geben, mischen.

In die Butter-Ei-Mischung die Mehlmischung portionsweise zufügen, unterrühren.

Auf dem Backpapier oder einer bemehlten Arbeitsfläche den Teig dünn ausrollen und mit einem scharfen Messer viereckige Keksstücke ausschneiden. Das Backpapier mit den Keksen auf das Backblech legen, im Backofen 10 Minuten backen, dann beiseitestellen.

Für die Schokocreme: Kokosöl und Butter in einen Topf geben, erwärmen, bis beides geschmolzen ist. Dann die Schokodrops zufügen, köcheln lassen, bis sich Drops auflösen. Mascarpone, Eiweißpulver, Erythrit (Puder) und Kakao zufügen, unterrühren.

In die vorbereitete Kastenform die Creme ca. 1 cm hoch füllen, auf die Creme wird eine Lage Kekse verteilt, dann wieder 1 cm Creme, darüber wieder Kekse – das wird so lange fortgesetzt, bis die ganze Creme in der Kastenform ist; den Abschluss bildet eine Lage Kekse.

Der Kalte Hund kommt für mindestens 4 Stunden in den Kühlschrank; idealerweise bleibt er dort über Nacht.

Käsekuchen aus der Tasse

Dieses Rezept ist für zwei Personen

Zutaten

100 g Frischkäse

70 g Griechischer Joghurt (Fettgehalt: 10 %)

20 g Eiweißpulver, Vanille

2 mittelgroße Eier

4 TL Stevia mit Erythrit (Streupulver)

28 g zuckerfreie, dunkle Schokodrops

Frischkäse in eine Schüssel geben, Ei und Joghurt zufügen, alles mit dem Handrührgerät cremig rühren, dabei Eiweißpulver und Stevia einrieseln lassen, Schokodrops unterheben.

In zwei große Tassen (in der Größe von Café au lait-Tassen) die cremige Masse geben, in der Mikrowelle bei 700 Watt etwa 3 Minuten „backen".

Nährwert je „Tasseninhalt":

Kcal 364 Kalorien, 14,3 g Eiweiß, 29,7 g Fett, 5,9 g Kohlenhydrate

Amerikaner

Zutaten

Für den Teig

50 g Mandelmehl (nicht entölt)

30 g Kokosmehl

30 g Mandelmehl (entölt)

½ TL Guarkernmehl

35 g Eiweißpulver, Vanillegeschmack

65 g Erythrit

1 TL Backpulver

2 TL Stevia mit Erythrit (Streupulver)

75 g zimmerwarme Butter

3 mittelgroße Eier

1 Prise Salz

100 ml Sahne

½ TL gemahlene Bourbonvanille

<u>Für den Guss</u>

10 g Kokosöl

50 g Kokosmus

20 g Erythrit (Puder)

1 TL Kakaopulver (ca. 5 g)

Backofen auf 175 °C vorheizen (Umluft).

Ein Backblech mit Backpapier auslegen.

In eine Schüssel die Mehle, Erythrit, Salz, Streupulver, Backpulver, Eiweißpulver und Bourbonvanille geben, vermischen.

In eine weitere Schüssel Butter schaumig rühren, Eier zufügen, verrühren, portionsweise die Mehlmischung zufügen und untermischen.

Nach und nach die Sahne zugießen, verrühren, das Ganze zu einem geschmeidigen Teig verarbeiten.

Acht Häufchen aus dem Teig formen, auf das Backblech legen, im Backofen 30 Minuten backen, abkühlen lassen.

Für den Guss: Kokosmus und Kokosöl in eine kleine Schüssel geben, diese ins Wasserbad stellen, erwärmen. Auf vier Amerikaner die Hälfte der Mischung gleichmäßig verteilen.

Unter die andere Hälfte der Mischung Kakao beimengen, unterrühren und auf den restlichen Amerikanern verstreichen.

Mohnschnecken

Zutaten

Für den Teig

125 g Mozzarella

30 g Kokosmehl

1 TL Backpulver

60 g Mandelmehl (nicht entölt)

1 TL Guarkernmehl

50 g Erythrit

50 g zimmerwarme Butter

1 Ei

Für die Füllung

50 g gehackte Mandeln

25 g Erythrit

75 g gemahlener Mohn

25 ml zuckerfreier Vanillesirup

½ TL Rosenwasser

<u>Für den Guss</u>

50 g Erythrit (Puder)

2 EL frisch gepressten Zitronensaft

Backofen auf 175 °C vorheizen (Umluft).

Ein Backblech mit Backpapier auslegen.

In eine Schüssel Mandelmehl, Kokosmehl, Erythrit, Backpulver und Garkernmehl geben, mischen.

Mozzarella würfeln, in eine Schüssel geben, Butter und Ei zufügen, mit dem Pürierstab oder Handmixer zu einer cremigen Masse verrühren.

In die Mozzarella-Butter-Mischung die Mehlmischung portionsweise unterrühren und alles zu einem glatten Teig verarbeiten. In Frischhaltefolie wickeln, im Kühlschrank zwei Stunden ruhen lassen.

Eine Frischhaltefolie auf der Arbeitsfläche ausbreiten, den Teig darauflegen, darüber eine weitere Folie legen, den Teig dünn ausrollen (ca. ½ cm dick).

Mohn, Mandeln, Erythrit mischen, unter Rühren den Sirup und das

Rosenwasser zufügen, bis eine geschmeidige Masse entsteht.

Mit der Füllung die Teigplatte gleichmäßig bestreichen.

Die Teigplatte vorsichtig aufrollen, bis eine Rolle vorhanden ist. Von der Rolle gleich große Scheiben abschneiden, auf dem Backblech verteilen und im Backofen 15 Minuten backen.

Für den Guss: Zitronensaft und Erythrit in einen Topf geben, verrühren, erwärmen. Erythrit schmelzen lassen, dann kurz aufkochen. Die noch warme Mischung mit einem Pinsel auf die Schnecken streichen.

Nährwert pro Stück:

Kcal 118 Kalorien, 4,3 g Eiweiß, 10,4 g Fett, 1 g Kohlenhydrate

Mini-Schokokuchen

<u>Zutaten</u>

<u>Für den Teig</u>

75 g Eiweißpulver, Schokoladengeschmack

30 Kakaopulver

100 g Erythrit

50 g Mandelmehl (entölt)

50 g Kokosmehl

2 TL Backpulver

4 TL Stevia mit Erythrit (Streupulver)

100 g Butter

4 mittelgroße Eier

200 ml Milch

Für die Füllung

20 g Eiweißpulver, Vanillegeschmack

10 g Stevia-Streupulver mit Erythrit

3 mittelgroße Eier

Für den Guss

150 g Bitterschokolade (85 % Kakaoanteil)

5 ml Kokosöl

Backofen auf 175 °C vorheizen (Umluft).

Eine rechteckige mit Backform (20 x 30 cm) mit Backpapier auslegen.

Die Mehle, Eiweißpulver, Backpulver, Kakao in eine Schüssel geben, vermischen.

Im Wasserbad die Butter schmelzen, Erythrit und Streupulver zufügen, unterrühren, in eine Schüssel füllen.

In die Butter-Erythrit-Mischung erst die Eier zufügen, verrühren, dann die Mehlmischung portionsweise unterrühren. Milch nach und nach zufügen, alles zu einem geschmeidigen Teig verarbeiten, in die Backform füllen, im Backofen 25 Minuten backen, abkühlen lassen.

Aus dem Teig runde Kreise ausstechen (dazu nimmt man eine entsprechende Ausstechform oder ein Glas mit ca. 10 cm Ø); wer es lieber eckig haben möchte, kann auch Vierecke ausstechen, runde und eckige Formen gehen auch gut, dann wird der ganze Teig verwendet.

Für die Füllung: Eier trennen, die Eiweiße zu steifem Schnee schlagen, dabei Eiweißpulver und Streupulver langsam einrieseln lassen.

In jede Kuchenbodenform sieben Löcher stechen, in jedes Loch die Creme füllen.

Im Wasser Schokolade und Kokosöl schmelzen, mit einem Pinsel die Mischung auf die Mini-Kuchen pinseln, beiseitestellen, bis der Guss fest geworden ist.

Nährwert pro Stück:

Kcal 366 Kalorien, 21,8 g Eiweiß, 25,9 g Fett, 7,3 g Kohlenhydrate

Cookies mit Erdnuss

Zutaten

50 g Eiweißpulver, Vanillegeschmack

50 g Erdnussmus

50 g Mandelmehl (nicht entölt)

50 g Erythrit

1 TL Backpulver

25 g Mandelmehl (entölt)

50 g zimmerwarme Butter

2 mittelgroße Eier

2 TL Stevia mit Erythrit (Streupulver)

50 g gehackte Erdnüsse

50 g dunkle Schokodrops (zuckerfrei)

Backofen auf 175 °C vorzeiten (Umluft).

Ein Backblech mit Backpapier auslegen.

Ein Ei trennen, Eiweiß beiseitestellen. Eigelb in eine Schüssel geben, das zweite Ei in der Schüssel aufschlagen, Streupulver zufügen, und Erdnussmus unterrühren.

In eine weitere Schüssel die Mehle mit Erythrit, Eiweißpulver und Backpulver geben, vermischen.

Unter die Ei-Erdnussmus-Mischung die Mehlmischung portionsweise einrühren, Erdnüsse und Schokodrops zufügen, unterrühren.

Aus dem Teig kleine Häufchen formen (geht gut mit zwei Teelöffeln oder einem Esslöffel), daraus Kreise formen, diese auf dem Backblech verteilen, im Backofen 12 Minuten backen.

Nährwert pro Stück:

Kcal 133 Kalorien, 7 g Eiweiß, 10,3 g Fett, 2,3 g Kohlenhydrate

Gefüllte Hörnchen

Zutaten

Für den Teig

60 g Mandelmehl (nicht entölt)

300 g Kokosmehl

1 TL Guarkernmehl

1 TL Backpulver

50 g Erythrit

50 g zimmerwarme Butter

125 g Mozzarella (Fettgehalt: 45 %)

1 TL Stevia-Streupulver mit Erythrit

1 Ei

Für die Füllung

200 g Rhabarber

Backofen auf 175 °C vorheizen (Umluft).

Ein Backblech mit Backpapier auslegen.

Rhabarber waschen, in 10 cm lange Stangen schneiden, Mozzarella würfeln.

Mandelmehl, Kokosmehl, Guarkernmehl, Backpulver, Erythrit, Streupulver in eine Schüssel geben, mischen.

Butter in eine weitere Schüssel geben, schaumig rühren. Ei und Mozzarella zufügen, das Ganze mit dem Pürierstab pürieren.

Unter die Buttermischung die Mehlmischung portionsweise zufügen, unterrühren und den Teig eine Stunde im Kühlschrank ruhen lassen.

Eine Frischhaltefolie auf der Arbeitsfläche ausbreiten, den Teig darauf legen, mit einer zweiten Frischhaltefolie bedecken und mit dem Nudelholz aus dem Teig ein großes Rechteck (6 mm dick, 24 x 28 cm groß) ausrollen. Dieses in Dreiecke schneiden (geht gut mit dem Pizzaroller). Auf jedes Dreieck eine Rhabarberstange legen, von der breiten Seite beginnend die Teigdreiecke aufrollen, Hörnchen formen, auf dem Backblech verteilen, im Backofen 20 Minuten backen.

Nährwert pro Stück:

Kcal 159 Kalorien, 6,6 g Eiweiß, 13,3 g Fett, 1,3 g Kohlenhydrate

Beeren-Muffins

Zutaten

250 g Schmand (Fettgehalt: 20 %)

25 g Kokosmehl

½ TL Backpulver

35 g Eiweißpulver, Vanille

30 g Erythrit (Puder)

1 Ei

¼ TL gemahlene Bourbonvanille

24 frische Heidelbeeren

18 frische Himbeeren

Backofen auf 175 °C vorheizen.

Eine Muffinform, Papierförmchen, alternativ die Form einfetten.

In eine Schüssel Kokosmehl, Backpulver, Eiweißpulver, Schmand, Erythrit, Ei und Bourbonvanille geben. Mit dem Stabmixer zu einer cremigen Masse verrühren.

Die Masse in die vorbereitete Muffinform füllen, die Beeren auf den Muffins verteilen, im Backofen Ofen 25 Minuten backen.

Nährwert pro Stück:

Kcal 144 Kalorien, 8,1 g Eiweiß, 10,3 g Fett, 3,5 g Kohlenhydrate

Fruchtige Waffeln

Zutaten

Für den Teig

1 Glas Griechischer Joghurt (ca. 200 g)

50 g Mandelmehl (entölt)

1 TL Backpulver

50 g Eiweißpulver, Vanille

3 TL Stevia-Streupulver mit Erythrit

Für das Waffeleisen

25 g geschmolzenes Kokosöl

Himbeeren

150 g TK-Himbeeren

1 Messerspitze Xanthan

1 TL Stevia-Streupulver mit Erythrit

Vanillesahne

1 Becher Sahne (ca. 150 g)

1 TL Erythrit, Vanille

2 TL Stevia-Streupulver mit Erythrit

Die Himbeeren auftauen, in einen Topf geben, aufkochen, Stevia und Xanthan mit dem Schneebesen unterrühren.

Für den Teig: Joghurt in eine Schüssel geben, Eiweißpulver zufügen, verrühren. Mandelmehl, Stevia, Backpulver portionsweise untermischen, alles gut vermischen.

Waffeleisen einfetten, bis auf mittlere Hitze aufheizen, den Teig portionsweise ins Waffeleisen geben und nach Beschreibung des Herstellers des Waffeleisens backen. Üblicherweise sollte eine Waffel in 4 bis 6 Minuten fertig sein.

Sahne in eine hohe Schüssel schütten, steif schlagen, dabei Erythrit und Stevia einrieseln lassen.

Waffeln auf einem Teller mit Himbeeren und Sahne anrichten.

Nährwert pro Stück:

Kcal 538 Kalorien, 33,6 g Eiweiß, 39 g Fett, 9,5 g Kohlenhydrate

Kleine Käsekuchen mit Cranberrys

Zutaten

40 g frische Cranberrys

250 g Quark (Fettgehalt: 40 %)

2 mittelgroße Eier

1 EL Erythrit

1 EL Eiweißpulver, Vanillegeschmack

½ TL Backpulver

¼ TL gemahlene Bourbonvanille

Backofen auf 180 °C vorheizen.

Eine Muffinform mit Papierförmchen auslegen, alternativ die Form einfetten.

Quark in ein Tuch geben, dort 30 Minuten ruhen lassen, bis das Wasser zum größten Teil abgetropft ist, leicht ausdrücken.

Cranberrys waschen, vierteln.

Alle Zutaten in eine Schüssel geben, mischen, daraus einen glatten Teig herstellen. Cranberrys untermischen, den Teig in die Muffinform füllen, im Backofen 20 Minuten backen.

Brownies

Zutaten

40 g Kakaopulver

50 g Mandelmehl (nicht entölt)

50 g Kokosmehl

50 g Kokosraspel

1 TL Guarkernmehl

2 TL Backpulver

200 ml Kokosmilch

50 g Butter

75 g dunkle Schokoladendrops (zuckerfrei)

75 g Erythrit

3 mittelgroße Eier

2 TL Stevia-Streupulver mit Erythrit

50 g Kokosöl

Backofen auf 175 °C vorheizen.

Eine Brownieform einfetten, alternativ eine Muffinform mit Papierförmchen auslegen.

Alle Mehle mit dem Kakaopulver und Backpulver in eine Schüssel geben, mischen.

In einem kleinen Topf Kokosöl und Butter schmelzen lassen. Schokoladendrops zufügen, schmelzen, etwas abkühlen lassen und in eine Schüssel geben. Eier und Süßmittel zugeben, alles miteinander vermischen.

Die Mehlmischung portionsweise in die Schokomischung geben, Kokosmilch zufügen und alles zu einem glatten Teig verarbeiten. Diesen in die vorbereitete Form füllen und im Backofen 30 Minuten backen.

Nährwert pro Stück:

Kcal 235 Kalorien, 5,3 g Eiweiß, 21 g Fett, 3,2 g Kohlenhydrate

8. Torten

Eine Torte ist immer eine ganz besondere Delikatesse. Nicht nur bei einer großen Feier, sondern auch am Sonntag, wenn man mit der Familie gemütlich Kaffee oder Tee trinkt. Leider passen auch Torten vom Konditor oder in gefrorenem Zustand aus dem Supermarkt in der Regel nicht in den Low-Carb-Ernährungsplan. Damit Sie nicht auf den Tortengenuss verzichten müssen, haben wir einige köstliche Rezepte zusammengestellt.

Vanille-Mandel-Torte

<u>Zutaten</u>

<u>Für den Boden</u>

50 g Mandelmehl

50 g Erythrit

30 g Eiweißpulver, Vanille

1 TL Backpulver

100 ml Milch

2 mittelgroße Eier

2 TL Stevia mit Erythrit (Streupulver)

¼ TL gemahlene Bourbonvanille

<u>Für die Füllung</u>

25 g Eiweißpulver, Vanille

25 g Erythrit (Puder)

200 ml Sahne

1 Prise Xanthan

Zum Bestreuen

40 g Mandelblättchen

1 EL Erythrit

Backofen auf 175 °C vorheizen (Umluft).

Eine Springform (Ø 18 cm) mit Backpapier auslegen, Ränder einfetten.

Für den Boden: Mandelmehl, Eiweißpulver, Erythrit, Stevia, Backpulver und Bourbonvanille in eine Schüssel geben, mischen.

Eier in einer weiteren Schüssel aufschlagen, Milch zufügen, verrühren.

Die Mehlmischung portionsweise in die Eier-Milch-Mischung geben, unterrühren und das Ganze zu einem glatten Teig verarbeiten. Diesen in die Springform füllen, Oberfläche glatt streichen, im Backofen 30 Minuten backen, abkühlen lassen.

Die Torte in quer in der Mitte durchschneiden, (Sie haben damit zwei gleiche runde Teile).

Für die Dekoration: Eine beschichtete Pfanne erhitzen, Mandelblättchen und Erythrit zugeben, kurz rösten, abkühlen lassen.

Für die Füllung: Erythrit (Puder) mit Eiweißpulver und Xanthan mischen.

Sahne steif schlagen, dabei die Eiweißpulvermischung langsam einrieseln lassen.

Die untere Hälfte des Tortenbodens auf eine Platte legen, die Hälfte der Vanillecreme darauf verteilen, den restlichen Boden darauf setzen. Die ganze Torte mit der restlichen Vanillecreme bestreichen, dabei den oberen Teil mit den Mandelblättchen bestreuen.

Nährwert je Stück:

Kcal 271 Kalorien, 12,3 g Eiweiß, 22,8 g Fett, 3 g Kohlenhydrate

Schokoladentorte

Zutaten

Für den Teig

1 Glas Griechischer Joghurt (10 %, ca. 150 g)

75 g zimmerwarme Butter

3 mittelgroße Eier

75 g Erythrit

1 Prise Salz

3 TL Stevia-Streupulver mit Erythrit

75 g Mandelmehl (nicht entölt)

50 g Mandelmehl (entölt)

2 TL Backpulver

25 g Eiweißpulver, Schokoladengeschmack

15 g Kakaopulver

50 dunkle Schokodrops (zuckerfrei)

Für das Frosting

50 g dunkle Schokodrops (zuckerfrei)

200 g salzarmer Frischkäse (Rahmstufe)

15 g Kakaopulver

3 EL Sahne

3 EL Stevia-Streupulver mit Erythrit

Backofen auf 180 °C vorheizen.

Eine Springform, den Boden mit Backpapier auslegen, die Ränder einfetten.

Für den Teig die Schokodrops hacken.

Alle Mehle mit Backpulver, Kakaopulver und den gehackten Schokodrops in eine Schüssel geben, mischen.

Alle anderen Zutaten für den Teig in die Rührschüssel der Küchenmaschine geben, vermischen. Die Mehlmischung portionsweise zufügen, unterrühren und daraus einen geschmeidigen Teig herstellen.

Den Teig in die vorbereitete Form füllen, im Backofen 30 Minuten backen, dann den Kuchen mit Alufolie abdecken, weitere 15 Minuten backen, auskühlen lassen.

Für das Frosting: Schokoladendrops im Wasserbad schmelzen, abkühlen lassen, bis sie lauwarm sind.

Frischkäse in eine Schüssel geben, Sahne zufügen und verrühren, bis eine cremige Konsistenz vorhanden ist. Kakaopulver darüber sieben, Streupulver zufügen, mischen. Die flüssige Schokolade beimengen und rasch unterrühren.

Auf dem ausgekühlten Kuchen die Creme verstreichen, mit Kakaopulver bestreuen.

Nährwert je Stück:

Kcal 361 Kalorien, 13,8 g Eiweiß, 30,2 g Fett, 4,8 g Kohlenhydrate

Schwarzwälder-Kirsch, gerollt

Zutaten

Für den Teig

3 Eier

45 g Eiweißpulver, Schokoladengeschmack

10 g Kakaopulver

200 ml Milch

30 g Kokosmehl

30 g Erythrit

½ TL Guarkernmehl

1 TL Backpulver

1 TL Stevia-Streupulver mit Erythrit

Für die Sahnefüllung

200 ml Schlagsahne

15 g Eiweißpulver, Vanillegeschmack

250 g Ricotta

40 g Erythrit (Puder)

2 TL Stevia-Streupulver mit Erythrit

Für die Kirschfüllung

200 g zuckerfreie TK-Sauerkirschen

50 g Gelier-Xucker 3:1

1 EL Kirschwasser

Backofen auf 175 °C vorheizen (Umluft).

Ein Backblech mit Backpapier auslegen.

Für den Teig die Eier trennen, 1 Eigelb in eine Schüssel geben, die restlichen Eigelbe anderweitig verwenden, die Eiweiße zu sehr steifem Schnee schlagen.

Für die sahnige Füllung die Schlagsahne sehr steif schlagen.

Für die Kirschfüllung das Kirschwasser mit den Sauerkirschen in einen Topf geben, erhitzen, kurz aufkochen lassen, dann den Gelier-Xucker beimengen, 5 Minuten kochen, in eine kleine Schüssel füllen und abkühlen lassen.

Das eine Eigelb in der Schüssel mit Streupulver und Erythrit aufschlagen.

Alle Mehle mit Backpulver, Eiweißpulver, Kakaopulver in eine Schüssel geben und mischen. Die Mehlmischung portionsweise unter die Eimischung geben und verrühren. Milch zufügen und alles zu einem glatten Teig verarbeiten. Den Eischnee vorsichtig unterziehen, den Teig auf dem Backblech zu einem Rechteck verstreichen, im Backofen 12 Minuten backen, abkühlen.

Zur steif geschlagenen Sahne alle weiteren Zutaten für die sahnige Füllung geben, mischen und gleichmäßig auf der Teigplatte verteilen.

Zum Abschluss das Kirschkompott klecksweise auf der Creme verteilen und die Teigplatte zu einer Rolle aufrollen. Sofern noch Creme übrig ist, diese auf der Rolle verstreichen, eventuell mit Sauerkirschen dekorieren.

Nährwert je Stück:

Kcal 195 Kalorien, 10,8 g Eiweiß, 11,3 g Fett, 9,1 g Kohlenhydrate

Biskuitrolle mit Beeren

<u>Zutaten</u>

<u>Für den Teig</u>

35 g Kokosmehl

30 g Erythrit

45 g Eiweißpulver, Vanille

½ TL Guarkernmehl

1 TL Backpulver

200 ml Milch

3 Eier

1 TL Stevia mit Erythrit (Streupulver)

Für die Füllung

250 g Quark (Fettgehalt: 40 %)

125 g Heidelbeeren

125 g Himbeeren

200 g Schlagsahne

30 g Kokosraspeln

40 g Erythrit (in Puderform)

15 g Eiweißpulver, Vanillegeschmack

2 TL Stevia mit Erythrit (Streupulver)

Backofen auf 175 °C vorheizen (Umluft).

Ein Backblech mit Backpapier auslegen.

Beeren verlesen, waschen, abtropfen lassen; Eier trennen, Eiweiße zu steifem Schnee schlagen, 1 Eigelb beiseitestellen. Sahne steif schlagen.

Das Eigelb in eine Schüssel geben, Streupulver, Stevia zufügen, aufschlagen.

In eine weitere Schüssel Erythrit, Eiweißpulver, Kokosmehl, Guarkernmehl und Backpulver geben, vermischen.

In die Eigelbmasse die Mehlmischung portionsweise zufügen und unterrühren. Milch zufügen und das Ganze zu einer cremigen Masse verarbeiten. Den Eischnee vorsichtig unterheben. Auf dem Backblech den Teig gleichmäßig zu einem Rechteck verstreichen, im Ofen 12 Minuten backen, etwas abkühlen lassen.

Für die Creme: In eine Schüssel Quark, Sahne, Eiweißpulver, Erythrit, Stevia, Kokosraspeln geben und verrühren. Die Creme auf dem noch etwas warmen Teig gleichmäßig verstreichen, darauf die Beeren verteilen und die Teigplatte zu einer Rolle rollen.

Nährwert je Portion:

Kcal 183 Kalorien, 11,6 g Eiweiß, 12,6 g Fett, 4,9 g Kohlenhydrate

9. Weihnachtsplätzchen

Kaum ist Weihnachten vorbei, denkt man schon wieder an die Vorweihnachtszeit. Bereits ab Oktober sind Lebkuchen und Co in den Regalen der Supermärkte zu finden. Es wird Zeit, selbst zu backen!

Wir haben festgestellt, dass einige Menschen auf die leckeren Weihnachtsplätzchen verzichten, weil sie nur Rezepte finden, in denen Weißmehl verwendet wird. Für uns war dies ein Grund, uns nach Plätzchenrezepten umzusehen, die in den Low-Carb-Ernährungsplan passen – und wir wurden fündig.

Christstollen und Plätzchen in Low-Carb-Qualität sind im Handel in der Regel nicht zu kaufen. Damit alle, die sich der Low-Carb-Ernährungsform verschrieben haben, auch in den Genuss von Christstollen und Weihnachtsplätzchen kommen, waren wir auf der Suche nach Rezepten, die den Anforderungen entsprechen. Dazu wünschen wir schon mal viel Spaß!

Klassischer Christstollen

Zutaten

50 g Mandelmehl (entölt)

½ TL Guarkernmehl

100 g Mandelmehl (nicht entölt)

15 g Eiweißpulver

2 TL Backpulver

30 g Erythrit

100 g Frischkäse

75 g Butter

25 g getrocknete Apfelringe

25 g getrocknete Gojibeeren

50 g Mandelblättchen

1 EL Rum

1 EL Erythrit

2 TL Stevia-Streupulver mit Erythrit

1 TL geriebene Orangenschale

1 TL Erythrit (Puder)

½ TL geriebene Zitronenschale

½ TL Spekulatiusgewürz

1 Prise Salz

3 mittelgroße Eier

¼ TL gemahlene Bourbonvanille

1 Messerspitze Stevia-Streupulver mit Erythrit

Backofen auf 180 °C vorheizen (Umluft).

Eine Kastenform mit Backpapier auslegen.

1 Ei trennen; Eigelb auffangen, Eiweiß beiseitestellen.

Mandelblättchen hacken und in einer beschichteten, erhitzten Pfanne rösten. 1 Esslöffel Erythrit zufügen, verrühren, vom Herd nehmen, abkühlen lassen. Dabei öfters umrühren, um ein Zusammenkleben zu verhindern.

Butter in einen Topf geben, erhitzen, schmelzen und in eine Schüssel geben. Eier, Eigelb, Salz, Rum und alle Süßmittel zufügen, mit der Küchenmaschine verrühren.

Alle trockenen Zutaten in eine weitere Schüssel geben, mischen, portionsweise zur Buttermischung geben und vermengen. Frischkäse zugeben und das Ganze zu einem glatten, aber festen Teig verarbeiten.

In die vorbereitete Kastenform den Teig füllen, im Backofen 45 Minuten backen, abkühlen lassen, dann mit Erythrit (Puder) bestäuben.

Butterplätzchen

Zutaten

65 g Erythrit

50 g Eiweißpulver, Vanille

50 g Mandelmehl (entölt)

1 TL Backpulver

100 g kalte Butter

2 mittelgroße Eier

2 TL Stevia-Streupulver mit Erythrit

½ TL Erythrit, Vanillegeschmack

1 Prise Salz

Zum Bestreichen

2 Eigelbe

1 EL Milch

Backofen auf 170 °C vorheizen (Umluft).

Zwei Backbleche mit Backpapier auslegen.

Ein Ei trennen, Eigelb auffangen, Eiweiß beiseitestellen. Butter in Stücke schneiden, in eine Schüssel geben, aufschlagen und mit dem Eigelb und dem ganzen Ei verrühren. Alle Süßmittel und Salz zugeben.

In eine weitere Schüssel die Mehle und alle anderen trockenen Zutaten geben, alles vermengen. Die Mehlmischung portionsweise zur Butter-Ei-Mischung geben, alles zu einem festen Teig (Konsistenz wie Mürbeteig) verarbeiten, in Frischhaltefolie wickeln, im Kühlschrank eine Stunde kaltstellen.

Das Ausrollen vom Teig geht am Besten zwischen zwei Frischhaltefolien: Eine Folie auf der Arbeitsfläche ausbreiten, den Teig darauf geben, mit der zweiten Folie den Teig bedecken, dann ca. 5 mm dick ausrollen.

Mit weihnachtlichen Ausstechern Motive aus dem Teig stechen und diese auf den Backblechen verteilen.

Zum Bestreichen der Plätzchen die Milch in ein Schälchen geben, Eigelbe zufügen, beides verquirlen. Die Plätzchen damit bestreichen, im Backofen ca. 10 Minuten backen. Wer möchte, kann die Plätzchen noch beispielsweise mit Lebensmittelfarbe verzieren.

Dieses Rezept ergibt etwa 45 Plätzchen.

Nährwert je Plätzchen:

Kcal 31 Kalorien, 1,8 g Eiweiß, 2,7 g Fett, 0,1 g Kohlenhydrate

Schokoladensterne

Zutaten

50 g Eiweißpulver, Schokoladengeschmack

10 g Kakaopulver

65 g Erythrit

1 TL Backpulver

50 g Mandelmehl (entölt)

100 g kalte Butter

2 mittelgroße Eier

2 TL Stevia-Streupulver mit Erythrit

½ TL Erythrit, Vanillegeschmack

¼ TL Zimt

1 Prise Salz

Zum Bestäuben

2 EL Erythrit (Puder)

Backofen auf 170 °C vorheizen (Umluft).

Zwei Backbleche mit Backpapier auslegen.

Ein Ei trennen, Eigelb auffangen, Eiweiß beiseitestellen, Butter in Stücke schneiden, in eine Schüssel geben, mit dem Eigelb und dem ganzen Ei aufschlagen. Alle Süßmittel und Salz zugeben.

In eine weitere Schüssel die Mehle und alle anderen trockenen Zutaten geben und verrühren. Die Mischung portionsweise zur Butter-Ei-Mischung geben und zu einem festen Teig (Konsistenz wie Mürbeteig) verarbeiten. In Frischhaltefolie wickeln und im Kühlschrank eine Stunde kaltstellen.

Eine Frischhaltefolie auf der Arbeitsfläche ausbreiten, den Teig darauf geben, mit der zweiten Folie den Teig bedecken und ca. 5 mm dick ausrollen.

Aus dem Teig mit Sternmotiven Sterne ausstechen, auf den Backblechen verteilen und im Backofen 11 Minuten backen. Mit Erythrit (Puder) bestäuben.

Dieses Rezept ergibt etwa 45 Plätzchen.

Nährwert je Plätzchen:

Kcal 29 Kalorien, 1,7 g Eiweiß, 2,3 g Fett, 0,3 g Kohlenhydrate

Schoko-Spekulatius

Zutaten

50 g Eiweißpulver, Vanillegeschmack

35 g Mandelmehl (entölt)

50 g Erythrit

50 g Mandelmehl (nicht entölt)

1 TL Backpulver

75 g zimmerwarme Butter

2 mittelgroße Eier

2 TL Stevia-Streupulver mit Erythrit

1 TL Spekulatiusgewürz

1 Prise Salz

50 g dunkle Schokodrops (zuckerfrei)

50 g gehackte Mandeln

Backofen auf 175 °C vorheizen (Umluft).

Ein Backblech mit Backpapier auslegen.

Ein Ei trennen, Eigelb auffangen, Eiweiß beiseitestellen, Schokodrops hacken.

In eine Schüssel Butter geben, mit dem Handrührgerät schaumig rühren, Eigelb und Ei sowie alle Süßmittel und Salz zufügen, unterrühren.

In eine weitere Schüssel alle trockenen Zutaten, jedoch **ohne** Mandeln und Schokodrops geben, vermischen. Die Mischung portionsweise unter die Ei-Butter-Mischung geben und verrühren. Schokodrops und Mandeln zufügen, vermischen.

Den Teig zu einer Rolle (Ø 5 cm) formen, in Frischhaltefolie wickeln und im Kühlschrank 2 Stunden ruhen lassen.

Die Teigrolle auf eine bemehlte Arbeitsfläche legen, mit einem scharfen Messer in 1 cm dicke Scheiben schneiden, auf dem Backblech verteilen und im Backofen 15 Minuten backen.

Dieses Rezept ergibt etwa 24 Plätzchen.

Nusskipferl (Nusshörnchen)

<u>Zutaten</u>

50 g Mandelmehl (entölt)

65 g Erythrit (Puder)

1 TL Guarkernmehl

1 TL Backpulver

75 g gemahlene Haselnüsse

75 g kalte Butter

2 mittelgroße Eier

3 TL Stevia-Streupulver mit Erythrit

½ TL Erythrit, Vanille

1 Messerspitze Zimt

Backofen auf 170 °C vorheizen (Umluft).

Ein Backblech mit Backpapier auslegen.

Ein Ei trennen, Eigelb auffangen, Eiweiß beiseitestellen.

In eine Schüssel Butter geben, mit dem Handrührgerät schaumig rühren. Eigelb und das ganze Ei sowie alle Süßmittel und Zimt zufügen, unterrühren.

In eine weitere Schüssel alle trockenen Zutaten geben und gut durchmischen. Die Masse portionsweise unter die Butter-Ei-Mischung rühren und zu einem glatten Teig verarbeiten. Diesen in Frischhaltefolie wickeln und im Kühlschrank eine Stunde ruhen lassen.

Auf eine bemehlte Arbeitsfläche den Teig legen, daraus kleine Kipferl (Hörnchen) formen und auf dem Backblech verteilen. Im Backofen 8 Minuten backen, die noch warmen Kipferl (Hörnchen) mit Erythrit (Puder) bestäuben.

Dieses Rezept ergibt etwa 28 Plätzchen.

Nährwert je Plätzchen:

Kcal 49 Kalorien, 1,5 g Eiweiß, 4,5 g Fett, 0,6 g Kohlenhydrate

Nussdoppeldecker

Zutaten

Für den Teig

60 g Erythrit

50 g Mandelmehl (entölt)

2 TL Backpulver

½ TL Guarkernmehl

30 Eiweißpulver, Haselnussgeschmack

100 g gemahlene Haselnüsse

75 g kalte Butter

2 TL Stevia-Streupulver mit Erythrit

1 Prise Salz

3 mittelgroße Eier

Für die Füllung

50 g Schokolade (85% Kakaoanteil)

30 g Haselnussmus

2 TL Stevia-Streupulver mit Erythrit

Backofen auf 170 °C vorheizen (Umluft).

Zwei Backbleche mit Backpapier auslegen.

Zwei Eier trennen, Eigelbe auffangen, Eiweiße beiseitestellen.

Die Butter in Flocken schneiden (geht ganz gut mit einem Kartoffelschäler).

Für die Füllung: Schokolade in ein Schälchen geben und dieses in heißes Wasser stellen, Schokolade schmelzen lassen.

In eine Schüssel Butterflocken geben, Eigelbe, Ei zufügen und verrühren. Salz sowie Süßmittel zugeben und gründlich vermischen.

In eine weitere Schüssel die Mehle und alle weiteren trockenen Zutaten geben und vermischen. Die Mischung portionsweise in die Butter-Ei-Mischung einrühren und zu einem glatten Teig verarbeiten. Daraus zwei Rollen (Ø 4 cm) formen, in Frischhaltefolie wickeln und im Kühlschrank 2 Stunden ruhen lassen.

Die Teigwürste auf eine bemehlte Arbeitsfläche legen und mit einem scharfen Messer von den Rollen ½ cm dicke Scheiben abschneiden. Diese auf dem Backblech verteilen, im Backofen 12 Minuten backen, abkühlen lassen.

Für die Füllung: Erythrit-Streupulver mit Haselnussmus, der warmen, geschmolzenen Schokolade in eine Schüssel geben und mit dem Handrührgerät cremig rühren. Abkühlen lassen, damit die Masse streichfähig ist.

Die Hälfte der Plätzchen mit der Haselnusscreme bestreichen. Darauf die nicht bestrichenen Plätzchen legen und leicht andrücken.

Dieses Rezept ergibt etwa 20 Doppeldecker.

Nährwert je Plätzchen:

Kcal 114 Kalorien, 4,3 g Eiweiß, 10 g Fett, 1,5 g Kohlenhydrate

Spritzgebäck

Zutaten

25 g Eiweißpulver, Vanillegeschmack

75 g Mandelmehl (nicht entölt)

50 g Erythrit

1 TL Guarkernmehl

50 g Mandelmehl (entölt)

1 TL Backpulver

75 kalte Butter

3 TL Stevia-Streupulver mit Erythrit

½ TL Bourbonvanille

2 mittelgroße Eier

Guss

5 g Kokosöl

100 dunkle Schokolade (zuckerfrei)

Backofen auf 175 °C vorheizen (Umluft).

Zwei Backbleche mit Backpapier auslegen.

Ein Ei trennen, Eigelb auffangen, Eiweiß beiseitestellen.

Butter klein schneiden, in eine Schüssel geben und mit dem Handrührgerät schaumig rühren. Eigelb und Ei zufügen, verrühren. Erythrit, Stevia-Streupulver und Vanille untermischen.

In eine weitere Schüssel alle restlichen Zutaten geben, vermischen und portionsweise unter die Butter-Ei-Mischung rühren. Zu einem geschmeidigen Teig verarbeiten, diesen in Frischhaltefolie wickeln und im Kühlschrank 1 Stunde ruhen lassen.

Den Teig in eine Gebäckpresse füllen, zu Kringeln pressen und diese auf die Backbleche legen. Im Backofen 10 Minuten backen.

Schokolade und Kokosöl in ein Schälchen geben und im Wasserbad schmelzen. Das noch lauwarme Gebäck zu einem Drittel in die Schokolade eintauchen und auf einem Kuchengitter trocknen lassen.

Dieses Rezept entspricht 2 vollen Backblechen.

Marzipantaler

Zutaten

50 g Mandelmehl (entölt)

60 g Erythrit

100 g Mandelmehl (nicht entölt)

½ TL Guarkernmehl

25 g Eiweißpulver, Vanillegeschmack

2 TL Backpulver

75 g zimmerwarme Butter

1 Ei

4 Tropfen Bittermandelaroma

2 TL Rosenwasser

2 TL Stevia-Streupulver mit Erythrit

Backofen auf 160 °C vorheizen (Umluft)

Ein Backblech mit Backpapier auslegen.

Ein Ei trennen, Eigelb auffangen, Eiweiß beiseitestellen.

In eine Schüssel Butter geben, schaumig rühren. Ei, Süßmittel, Rosenwasser und Bittermandelaroma zufügen, verrühren.

In eine weitere Schüssel alle trockenen Zutaten geben, vermischen. Die Mischung portionsweise in die Ei-Butter-Mischung einrühren und zu einem glatten Teig verarbeiten. Diesen zu einer Rolle (Ø ca. 4 cm) formen, in eine Frischhaltefolie wickeln und eine Stunde im Kühlschrank ruhen lassen.

Auf eine bemehlte Arbeitsfläche die Teigrolle legen. Davon Taler (ca. ½ cm dick) schneiden und auf dem Backblech verteilen. Im Backofen 12 Minuten backen.

Dieses Rezept ergibt etwa 40 Plätzchen.

Nährwert je Plätzchen:

Kcal 39 Kalorien, 2 g Eiweiß, 3,2 g Fett, 0,3 g Kohlenhydrate

Mandelgebäck á la Toskana

Zutaten

50 g Erythrit

1 TL Backpulver

75 g Mandelmehl (entölt)

¾ TL Guarkernmehl

50 g Mandelmehl (nicht entölt)

40 g Pinienkerne

40 g Rosinen

25 g Olivenöl

25 ml Amaretto

25 g zimmerwarme Butter

3 TL Stevia-Streupulver mit Erythrit

3 mittelgroße Eier

1 Prise Salz

Zum Bestreuen

1 EL Erythrit (Puder)

Backofen auf 170 °C vorheizen (Umluft).

Ein Backblech mit Backpapier auslegen.

Zwei Eier trennen, Eigelbe auffangen, Eiweiße beiseitestellen.

Eine beschichtete Pfanne erhitzen, Pinienkerne zufügen und goldbraun rösten.

In eine Schüssel alle trockenen Zutaten **ohne** Süßmittel geben, vermischen.

Butter in eine weitere Schüssel geben und schaumig rühren. Öl, Ei, Eigelbe, Süßmittel und Salz sowie Amaretto zufügen und untermischen.

Die Mehlmischung portionsweise in die Butter-Ei-Mischung unterrühren und zu einem glatten Teig verarbeiten. Daraus Häufchen formen und auf dem Backblech verteilen. Im Backofen 15 Minuten backen und abkühlen lassen. Mit Erythrit (Puder) bestreuen.

Dieses Rezept ergibt etwa 25 Plätzchen.

Fruchtig frische Lebkuchen

Zutaten

25 g Erythrit

50 g Mandelmehl (nicht entölt)

1 TL Guarkernmehl

50 g gemahlene Haselnüsse

1 TL Backpulver

50 g Butter

15 g getrocknete Gojibeeren

25 g gehackte Mandeln

15 g getrocknete Apfelringe

2 TL Stevia-Streupulver mit Erythrit

2 TL Lebkuchengewürz

½ TL geriebene Orangenschale

1 Prise Salz

1 Ei

Backofen auf 175 °C vorheizen (Umluft).

Den Boden einer Springform (Ø 18 cm) mit Backpapier auslegen, die Ränder einfetten.

Gojibeeren und Apfelringe fein hacken.

Butter in ein Schälchen füllen, dieses in heißes Wasser stellen, Butter schmelzen.

In eine Schüssel die geschmolzene Butter geben, Ei, Salz und Süßmittel zufügen, mit dem Handrührgerät oder der Küchenmaschine verrühren.

In eine weitere Schüssel alle trockenen Zutaten geben und vermischen. Die Mischung portionsweise in die Ei-Butter-Mischung einrühren und zu einem glatten Teig verarbeiten. Diesen in die Springform füllen und im Backofen 25 Minuten backen. Abkühlen lassen und anschließend in Schnitten schneiden.

Dieses Rezept ergibt etwa 13 Lebkuchen.

Zimtsterne

<u>Zutaten</u>

25 g Kokosmehl

75 g gemahlene Haselnüsse

65 g Erythrit (Puder)

75 g Mandelmehl (nicht entölt)

15 g Stevia-Streupulver mit Erythrit

2 große Eier

2 TL Zimt

Backofen auf 125 °C vorheizen (Umluft).

Ein Backblech mit Backpapier auslegen.

Eier trennen, Eiweiße auffangen, Eigelbe beiseitestellen.

Eiweiße in eine Schüssel geben, mit dem Handrührgerät zu steifem Schnee schlagen, dabei Streupulver und Erythrit (Puder) einrieseln lassen. 3 Esslöffel Eischnee in den Kühlschrank stellen, den Rest in der Schüssel lassen.

In einer separaten Schüssel alle weiteren Zutaten vermischen und portionsweise unter den Eischnee geben.

Auf einer Arbeitsfläche eine Frischhaltefolie ausbreiten, die Eischneemasse auf die Folie legen und mit einer zweiten Folie bedecken. Mit dem Nudelholz den Teig ca. 5 mm dick ausrollen, Sterne ausstechen und auf dem Backblech verteilen.

Die Sterne mit dem kalt gestellten Eischnee dick bestreichen, dann im Backofen 15 Minuten backen. Die Sterne mit Backpapier abdecken und weitere 10 bis 15 Minuten backen.

Dieses Rezept ergibt etwa 20 Zimtsterne.

Nährwert je Plätzchen:

Kcal 54 Kalorien, 2 g Eiweiß, 4,5 g Fett, 1,1 g Kohlenhydrate

Kokosmakronen

Zutaten

100 g Kokosraspel

50 g Erythrit

2 Eiweiße

2 EL Kokosöl

Backofen auf 150 °C vorheizen.

Ein Backblech mit Backpapier auslegen.

Am Abend vor dem Backen das Kokosöl aus dem Kühlschrank nehmen, damit es geschmeidig wird.

Beide Eiweiße in eine Schüssel geben, mit dem Handrührgerät oder der Küchenmaschine zu sehr steifem Schnee schlagen und die restlichen Zutaten vorsichtig unter den Eischnee heben.

Aus der Masse Häufchen formen (geht gut mit einem Esslöffel oder zwei Teelöffeln), an der Seite ein wenig eindrücken, auf dem Backblech verteilen und im Backofen 20 Minuten backen. Abkühlen lassen.

Dieses Rezept ergibt etwa 10 Kokosmakronen.

Nährwert je Plätzchen:

Kcal 80 Kalorien, 1,4 g Eiweiß, 8 g Fett, 0,6 g Kohlenhydrate

Zusammenfassung

Low-Carb-Ernährung bedeutet: wenig oder gar keine Kohlenhydrate. Für die Hauptmahlzeit, dem Mittagessen, ist der Ernährungsplan in der Regel leicht einzuhalten. Die Problematik beginnt bereits beim Kauf von Brot oder Brötchen. Beides wird in der Regel aus Weißmehl oder Roggenmehl hergestellt. Sicher, es gibt auch Dinkel- und Kartoffelbrote, doch was da genau drin ist, wissen die Verbraucher nicht.

Beim Kauf von Kuchen, Keksen oder Torten fangen die Schwierigkeiten erst richtig an. Auch auf Nachfrage gibt kein Konditor sein Rezept mit allen Zutaten an seine Kunden weiter. Wer jetzt denkt, das ist bei tiefgefrorenen Kuchen und Torten anders – der irrt. Auch hier gibt es nur vage Beschreibungen.

Grundsätzlich ist es jedenfalls so, dass Kuchen und Torten sowie Gebäck und Kekse aus kohlenhydrathaltigen Mehlen hergestellt werden. In der Regel wird auch der normale Haushaltszucker zum Süßen verwendet. Weder industriell hergestelltes Brot noch Brötchen, Kuchen, Torten oder Gebäck passen somit in den Low-Carb-Ernährungsplan.

Doch auf Backwaren, gleich welcher Art, können und wollen die Menschen nicht verzichten, auch wenn der Ernährungsplan keine oder nur wenige Kohlenhydrate vorsieht.

Wir haben uns deshalb auf den Weg gemacht, um Rezepte zu finden, die diesen Eigenschaften gerecht werden. Lange mussten wir suchen, doch letztendlich haben wir Rezepte für Brot und Brötchen sowie Baguette gefunden. Auf unserem weiteren Weg fanden wir auch Rezepte für leckere Kuchen und köstliches Gebäck sowie für Torten, von denen jede Einzelne ein Gedicht ist.

Doch damit nicht genug! Wir suchten weiter und machten uns auch Gedanken darüber, ob es nicht Rezepte für Weihnachtsplätzchen, Christstollen und Co in Low-Carb-Qualität gibt. Grund dafür war die Tatsache, dass einige Personen, die sich der Low-Carb-Ernährung verschrieben haben, vom Genuss der weihnachtlichen Leckereien absahen. Auch dafür haben wir eine Lösung parat und fanden Rezepte für Plätzchen, die sich in Low-Carb-Qualität auf jedem bunten Teller präsentieren können.

Wir haben in unseren Kapiteln die Rezepte zusammengetragen und für Sie aufgeschrieben, von denen wir glauben, dass Sie diese nachkochen möchten und daran Geschmack finden. Wer sich noch nicht der Low-Carb-Ernährung verschrieben hat, der findet jetzt vielleicht durch die leckeren Plätzchen, die köstlichen Kuchen und Torten oder durch frische Frühstücksbrötchen zu dieser Ernährungsform.

Wir wünschen Ihnen viel Spaß beim Nachbacken sowie einen guten Appetit und ebensolches Gelingen!

Impressum

[Low Carb Pros] wird vertreten durch:

Instyle Supply and Control Limited

20th Floor, Central Tower, 28

Queen's Road, Central, HK

Coverbilder

[creativelog] | [Fiverr]

Haftung für externe Links

Das Buch enthält Links zu externen Webseiten Dritter, auf deren Inhalt der Autor keinen Einfluss hat. Deshalb kann für die Inhalte externer Inhalte keine Gewähr übernommen werden. Für die Inhalte der verlinkten Webseiten ist der jeweilige Anbieter oder Betreiber der Webseite verantwortlich. Die verlinkten Seiten wurden zum Zeitpunkt der Verlinkung auf mögliche Rechtsverstöße überprüft. Rechtswidrige Inhalte waren zum Zeitpunkt der Verlinkung nicht erkennbar. Eine permanente inhaltliche Kontrolle der verlinkten Webseiten ist jedoch ohne konkrete Anhaltspunkte einer Rechtsverletzung nicht zumutbar. Bei Bekanntwerden von Rechtsverletzungen werden derartige Links umgehend entfernt.

Printed in Germany
by Amazon Distribution
GmbH, Leipzig

21952808R00080